W0171922

Michael Schmitt

Palast-Hotels

Michael Schmitt

Palast-Hotels

Architektur und Anspruch eines Bautyps 1870–1920

Gebr. Mann Verlag · Berlin

CIP-Kurztitelaufnahme der Deutschen Bibliothek

Schmitt, Michael:
Palast-Hotels: Architektur u. Anspruch e.
Bautyps 1870–1920 / Michael Schmitt. –
Berlin: Mann, 1982.
ISBN 3-7861-1363-7

Copyright © 1982 by Gebr. Mann Verlag · Berlin
Alle Rechte vorbehalten
Lithos: Carl Schütte & C. Behling
Satz: Druckerei Hellmich KG
Druck: Brüder Hartmann
Verarbeitung: Lüderitz & Bauer
Typographie: Hans-Hugo Rieck, alle in Berlin
Printed in Germany · ISBN 3-7861-1363-7

Inhaltsverzeichnis

Vorwort

Das Palasthotel ist ein spezieller Bautypus innerhalb des Hotelbaus, dessen stilistisch-typologische Ausformung etwa ab 1870 einsetzte und in den beiden Jahrzehnten vor dem Ersten Weltkrieg seinen Höhepunkt fand. Gestalt und Konzeption weichen sowohl von den Hotels der ersten Hälfte des 19. Jahrhunderts als auch von der großen Zahl zeitgleicher Hotelgebäude ab. Vorbild und Stil resultierten aus dem Repräsentationsbedürfnis einer exklusiven und vermögenden Klientel, die sich ausschließlich an aristokratischen Lebensformen orientierte. Das Hotel – Exponent dieses Anspruchs – präsentierte sich als Palast, als glänzende Kulisse zur gesellschaftlichen Selbstdarstellung.

In den Forschungen zur Architekturgeschichte des 19. Jahrhunderts hat dieser Bautypus, im Gegensatz zu anderen zeitgleichen Bauaufgaben wie Bauten für Verwaltung und Kultur, Industrieanlagen oder Mietshäuser und Arbeitersiedlungen bisher so gut wie keine Beachtung gefunden. Neben anderem mag dies nicht zuletzt an dem eben angedeuteten exponierten Status dieser Bauten liegen. Als opulente Luxusbauten zur Inszenierung eines aufwendigen Lebensstils für eine exklusive Minderheit errichtet, scheinen die Hotelpaläste Assoziationen zu wecken, die ihr künstlerisches Niveau und ihr anspruchsvolles Gestaltungskonzept übersehen lassen.

In Anbetracht der weitläufigen Thematik, der fast unübersehbaren Materialfülle, der äußerst schwierigen Quellenlage und des Fehlens von Vorarbeiten – selbst zeitgenössische Architekturdarstellungen behandeln den Bereich der Hotelbauten nur am Rande – ist die Untersuchung mehr auf eine überblickhafte Darstellung angelegt. Um die Vielfalt dieses Bautypus in seinen prägnantesten Erscheinungsformen vorzustellen, bot sich eine Konzentration auf die Kurorte der Schweiz und Frankreichs an, da hier die Idee des palastartigen Hotelbaus seinen architektonischen Höhepunkt erreichte. Einbezogen sind Bauten in Deutschland, in der ehemaligen Österreichischen Donaumonarchie sowie imposante Einzelbeispiele angrenzender Länder. Vollständigkeit zu erreichen, wäre nicht nur von der Fülle her schwierig.

Die Abgrenzung zum gesamten Baubereich Hotel stellt sich fließend und keineswegs genau dar. Gestaltähnlichkeit mit aufwendigen Wohnbauten kann sich vornehmlich in großstädtischen Zentren ergeben. Um diese vom Idealtypus abweichenden Erscheinungsformen zu verdeutlichen, werden Beispiele der Weltstädte Paris, Wien und Berlin den Bauten der Kurorte gegenübergestellt. Ein kurzer Blick auf eine Gruppe großstädtischer Objekte schien auch im Hinblick auf die Anfänge und den Entwicklungsgang des palastartigen Hotelbaus geboten.

Als wesentlicher thematischer Aspekt wurde der Hinweis auf gesellschaftliche und zeitgeschichtliche Hintergründe erachtet. Ohne einen Einblick in diese Zusammenhänge, würden weder Stil und Vorbild noch die Expansion bei gleichzeitiger Steigerung der Dimensionen und des dekorativen Reichtums in den beiden Jahrzehnten vor dem Ersten Weltkrieg verständlich – ebenso wenig wie der Gültigkeitsverlust des hier zu besprechenden Hoteltypus als Bauaufgabe nach den Ereignissen von 1914. Es bliebe zu wünschen, daß der hier skizzierte Überblick Anregungen und Fragestellungen für kommende Forschungsarbeiten aufzeigt.

Einführung

Zieht man in Betracht, daß die Untersuchungen zur Architektur- und Kunstgeschichte des Historismus im wesentlichen erst zu Beginn der 60er Jahre ihren Anfang genommen haben – in erster Linie durch das Forschungsunternehmen »19. Jahrhundert« der Fritz-Thyssen-Stiftung – und Renate Wagner-Rieger im Vorwort des Sammelbandes »Historismus und Schloßbau« bemerkt, daß »allgemein der Schloßbau des 19. Jahrhunderts als Kuriosum belächelt wurde«[1], so verwundert es aus der damaligen Sicht nicht, daß ein Bautypus, der als »Nicht-Schloß« in Schloßgestalt[2] auftritt, nicht in den Blickpunkt der Forschung geriet. Seitdem sind jedoch fast zehn Jahre vergangen, in denen die verschiedensten Bereiche der Historismus-Architektur untersucht wurden. Daß der Hotelbau nicht dazu zählte, dürfte »wohl nicht mehr damit zu erklären sein, daß dieser Bauaufgabe nach landläufiger Auffassung noch immer das Odium übersteigerter Prunkhaftigkeit und geschmacklicher Fragwürdigkeit anhaftet«, wie Roman Ottiger in der bislang einzigen monographischen Beschäftigung mit diesem Bautypus am Beispiel zweier Hotels in Luzern einleitend schreibt[3].

1 *Renate Wagner-Rieger* und *Walter Krause* (Hrsg.), Historismus und Schloßbau, München 1975, S. 9 ff.

2 *Albert Knoepfli*, Zum Schloßbau des 19. Jahrhunderts in der deutschsprachigen Schweiz, in: Historismus und Schloßbau, S. 154–178, hier S. 173; so eine Bezeichnung von *A. Knoepfli* für schloßähnliche Gebäude.

3 *Roman H. Ch. Ottiger*, Luzerner Hotelbauten von 1833–1871 (Diss. Zürich 1977), Auszug Köln 1977, S. 4.

Über seine Stellung als wichtige Architekturleistung des späten 19. und beginnenden 20. Jahrhunderts hinaus hatte der Hotelbau prägend auf eine Reihe von Städten und Fremdenverkehrsorten eingewirkt. Abgesehen von den Kurorten des 19. Jahrhunderts, deren Gestalt fast ausschließlich von Bauten des Fremdenverkehrs bestimmt war, wobei die Hotelbauten zusammen mit Kur-, Bade- und Konversationshäusern, Trinkbrunnen, Casinos und Wandelhallen bauliche und kommunikative Mittelpunkte bildeten, vergleichbar den Markt-, Dom- und Schloßplätzen alter Städte, wurden Stadterweiterungen wesentlich durch Hotelbauten geprägt (z. B. Wiesbaden, Baden-Baden, Luzern, Nizza etc.). Daß »ganz Karlsbad eigentlich ein Gasthof ist« heißt es bereits 1788 im ersten Reiseführer von Karlsbad[4] und von einer »ville d'hôtellerie« spricht nicht nur M. Steinhauser im Zusammenhang mit Baden-Baden im 19. Jahrhundert[5].

Bade- und Vergnügungsreisen, die sich meist über Wochen und Monate erstreckten, waren für sich schon ein wesentliches Statussymbol. Für die tonangebende Gesellschaft war es jedoch eine bedeutsame Frage des Prestiges, sich zur richtigen Zeit, am richtigen Ort, für eine genau umrissene Dauer aufzuhalten. Zum Modebad konnte nur der Ort avancieren, der einem verwöhnten Publikum die Möglichkeit bot, sich im gewünschten, also exklusiven Ambiente in Szene zu setzen. So fand denn dieser Bautypus in den mondänen Kurorten, in denen das Amusement vor dem Kurbetrieb rangierte, eine prunkvolle Ausformung, wie sie in den traditionsreichen Kurorten Deutschlands nur selten stattfand und auch von den luxuriösesten Berliner Hotels kaum übertroffen wurde. Ganz abgesehen davon, daß in verdichteten städtischen Zentren der Idealtypus – der residenzartige allseitig freistehende Baukomplex umgeben von distanzierendem Parkgelände – kaum verwirklicht werden konnte.

4 *Karl Ludwig,* Alt-Karlsbad, Karlsbad 1920, S. 113 f.

5 *Monika Steinhauser,* Das europäische Modebad des 19. Jahrhunderts, Baden-Baden – Eine Residenz des Glücks, in: Die deutsche Stadt im 19. Jahrhundert, hrsg. v. Ludwig Grote, München 1974, S. 95–128.

Bis zur Jahrhundertmitte unterschied sich das Hotel, der Nachfolger von Herberge und Gasthaus vorangegangener Jahrhunderte, nicht wesentlich von größeren Wohn- oder Mietshäusern. Der vergleichsweise niedrigen Gästezahl entsprach eine mehr familiäre Atmosphäre, der Besitzer fungierte als Gastgeber, die table d'hôte ließ distanzierte Anonymität kaum zu. Die sich in der zweiten Jahrhunderthälfte abzeichnenden gesellschaftlichen und wirtschaftlichen Umstrukturierungen brachten dann einen Hoteltypus hervor, dessen übersteigerter Aufwand die eigentliche Funktion eines Beherbergungsbetriebes weit übertrifft. Die konsequente Verfolgung und architektonische Umsetzung des Palastvorbildes hob diesen Hoteltypus auch vom zeitgleichen Hotelbau ab, wobei die Grenzen jedoch fließend sind.

Die ersten Repräsentanten des palastartigen Hotelbaus finden sich im letzten Drittel des 19. Jahrhunderts, seine höchste Ausprägung erreichte er in einem regelrechten Bauboom zwischen 1900 und 1914 in den internationalen Modebädern wie Nizza, Cannes und Monte Carlo, Biarritz, Trouville und Deauville, Evian und Chamonix oder Montreux, Caux und St. Moritz. Die Neubauten versuchten sich an Aufwand und ostentativem Prunk zu überbieten. Fast ausschließlich auf Aktienbasis konnten die immensen Kosten erbracht werden. Bereits in den letzten Jahren vor Kriegsausbruch schien an manchen Orten ein Überangebot zu herrschen. Ältere wie auch neu eröffnete Betriebe gingen in Konkurs. Selbst bei exorbitanten Aufenthaltskosten konnte der Unterhalt der meist nur während der Saison geöffneten Luxusbauten nicht mehr bestritten werden, traten auch nur geringfügige Veränderungen in den Reisegewohnheiten des tonangebenden Publikums ein. Als Zeiterscheinung zu werten sind einige äußerst aufwendige Hotelschöpfungen, die von vornherein Verlustgeschäfte sein mußten. Sie waren reine Prestigeobjekte kapitalkräftiger Aktiengesellschaften und dienten als Werbung für ihre Erzeugnisse oder Dienstleistungen – etwa den Besitzern weltberühmter Mineralquellen oder privater Eisenbahngesellschaften.

Die Folgen des Ersten Weltkrieges entzogen den Hotelpalästen das aristokratische Publikum weitgehend; vollends verloren war die zahlreiche russische Stammkundschaft. Die Finanzkraft der nachrückenden, zum großen Teil außereuropäischen Klientel, verhinderte, trotz der tiefgreifenden Krise, zumeist die Stillegung. Bedarf an Neubauten war in den klassischen Reisegebieten wie in den Modebädern nicht mehr gegeben. Endgültig verlustig ging dem Palasthotel sein ideelles Vorbild – der Palastbau als fürstliche Residenz. Wie ausschließlich sich das Palasthotel an diesem Vorbild orientierte, belegt die konsequente Tradierung des historischen Formenrepertoires bis zum Zusammenbruch 1914, ungeachtet antihistoristischer Tendenzen, die sich in anderen Baubereichen ab etwa 1900 ausbreiten. Zwar schließen sich einige Bauten vorzugsweise in Deutschland neuen architektonischen Richtungen an, beispielsweise das »Adlon« in Berlin. Über die Fassadengestaltung reichen diese Einflüsse, wie auch bei dem erwähnten Beispiel, selten hinaus. Im Inneren wird weiterhin mit gewohntem historistischen Prunk ein palastartiges Raumprogramm entfaltet. Die Enfiladen von Salons und Sälen glänzen vorzugsweise in den Stilrichtungen Louis XIV–XVI und bilden ein luxuriöses höfisches Milieu.

Nur wenige Bauaufgaben dieser Zeit waren so eng mit der gesellschaftlichen Struktur verknüpft und so abhängig von deren Bestand. Mit der Auflösung der aristokratischen Gesellschaft verlor das Palasthotel seine wesenhafte Bestimmung: die Bestimmung als prunkvolle Kulisse für die gesellschaftliche Selbstdarstellung.

Entzogen die Ereignisse von 1914 den Palasthotels bereits ihre ideelle Grundlage, so hatte die Zeit nach dem Zweiten Weltkrieg endgültige Folgen für ihre Wirtschaftlichkeit. Fast die Hälfte der hier behandelten Objekte mußte in der Zeit von 1945 bis heute schließen. An Stelle der individuellen Luxusreise trat endgültig die organisierte Gruppenreise mit neuen Reisezielen. Gleichzeitig lief in den Städten und Zentren des Tourismus eine rege Bautätigkeit an. Zweckmäßig, manchmal komfortabel standardisiert, kommt diesen Hotels die Funktion von reinen Übernachtungsstätten, Tagungsorten oder Ferienhotels zu. Allesamt sind sie weit entfernt von der glänzenden Scheinwelt der Palasthotels.

Forschungsstand

Unter dem Titel »Das Hotelwesen der Gegenwart« verfaßte 1874 E. Guyer die erste Abhandlung zu dieser Thematik[6]. Neben der architektonischen Seite werden vornehmlich organisatorische und wirtschaftliche Aspekte behandelt. Die mit Grundrissen vorgestellten rund zehn großen Hotelbauten blieben als Beispiele für das ganze letzte Viertel des Jahrhunderts verbindlich[7]. H. v. d. Hude greift sie 1885 im Handbuch der Architektur auf und erweitert sie um wenige vor-

6 *Eduard Guyer,* Das Hotelwesen der Gegenwart, Zürich 1874.

7 Folgende Großbauten führt *E. Guyer* auf: »Hotel am Ziethenplatz« = »Kaiserhof«, Berlin; »Frankfurter Hof«, Frankfurt; »Beau Rivage«, Lausanne-Ouchy; »Schweizerhof«, Luzern; »Grand Hotel«, Wien; »Metropole«, Wien; »Grand Hotel«, Paris; »Hotel du Louvre«, Paris; »Thuner Hof«, Thun; »Grand Hotel«, Vevey; sowie einige kleinere Anlagen, darunter »Mont Blanc«, Neuchâtel, »Curhotel«, Baden/Schweiz und »Schweizerhof«, Rheinfall. Sowohl *Guyer* (1874), als auch *Klasen* (1884) und *v. d. Hude* (1885 und 1904) bringen: »Kaiserhof«, Berlin; »Frankfurter Hof«, Frankfurt; »Schweizerhof«, Luzern; »Metropole«, Wien. Das »Grand Hotel«, Paris, und das »Beau Rivage«, Lausanne-Ouchy, werden von *Guyer* und zweimal von *Hude* (1885 und 1904) vorgestellt, während *Klasen* (1884) von *Guyer* das »Hotel du Louvre«, Paris, und das »Grand Hotel«, Vevey, übernimmt. Bei *v. d. Hude* ist 1885 von einem amerikanischen und wenig kleineren Beispielen abgesehen, lediglich das »Grand Hotel«, Scarborough, und das »Continental«, Paris, neu. Beide erscheinen wieder bei *v. d. Hude* 1904. Auch *Klasen* nimmt 1884 das »Continental«, Paris, auf. Fast 30 Jahre nach Erscheinen des Artikels »Hotel« im Handbuch der Architektur nimmt *v. d. Hude* 1904, von zwei amerikanischen Beispielen abgesehen, nur ein sehr großes Hotel neu auf, und zwar das bereits 1871 (Hauptbau) erstellte »National«, Luzern, obwohl der Hotelbau zu diesem Zeitpunkt bereits eine immense Steigerung erfahren hatte.

Abb. 1 CAUX, Palace Hotel, 1900/02.

nehmlich eigene Bauten[8]. Ebenso werden sie von L. Klasen 1884[9] und der im gleichen Jahr erschienenen Baukunde aufgenommen[10]. Im Handbuch der Architektur von 1904 zeigt H. v. d. Hude dann im wesentlichen wieder die gleichen Bauten, wie fast 30 Jahre zuvor, lediglich ein Beispiel des palastartigen Typus fügt er hinzu: das bereits 1871 (Hauptbau) erstellte »Grand Hotel National« in Luzern. Im übrigen wird der palastartige Hotelbau, der in Mitteleuropa ungefähr um 1870 einsetzt und zwischen 1900 und 1914 seinen Höhepunkt erreicht, übergangen.

Auch die zeitgenössischen Bauzeitschriften behandeln diesen Typus nur am Rande. Beispielsweise finden die beiden von E. Jost erbauten, in der architektonischen Gestaltung signifikant den Typus des palastartigen Hotels repräsentierenden Bauten, das »Palace Hotel« in Caux und *Abb. 1*

8 *Hermann v. d. Hude,* Hotels; in: Hdb. d. Architektur 4. T., 4. Halbbd., Darmstadt 1885, S. 174–220.

9 *Ludwig Klasen* (Hg.), Grundriß-Vorbilder von Gasthäusern, Hotels und Restaurants, Hdb. f. Behörden …, Leipzig 1884.

10 Baukunde des Architekten, bearbeitet von den Hrsg. d. Dtsch. Bauztg., Bd. II, 2. T., Berlin 1884, XI Gasthäuser, S. 768–811.

Abb. 2 MONTREUX, Montreux Palace Hotel, 1906.

Abb. 2 das »Montreux Palace« in Montreux, nirgends Erwähnung. Hotelpaläste werden höchstens als negative Architektur-Beispiele kurz angesprochen.

In einem »Beitrag zum Hotelbau-Problem der Gegenwart« schreibt S. Guyer 1917: »Seit Jahren tobt im Schweizerland der Krieg gegen die unsere schönsten Gegenden entstellenden Hotelkästen«[11]. Im Gegensatz zur »Heimatschutzbewegung« hält S. Guyer die Hotel-Großbauten »nicht deswegen (für) häßlich, weil sie als grosse, kastenförmige Baublöcke gebildet sind«[12], sondern »weil ihnen allen eine, einmal nach sentimentaler Romantik« – als Beispiel hierzu bringt er eine Abbildung des »Palace Hotel« in Gstaad – »ein andermal nur nach Pomp und Protz« – hierzu die Abbildung des »Montreux Palace« in Montreux – »riechende Maske aufgesetzt ist«[13]. Zu der Abbildung des »Palace Hotel« in Gstaad *Abb. 43*
bemerkt er: »Lässt dieser poetisch-romantische Bau nicht das Herz eines jeden Alpenfreundes höher

11 *S. Guyer*, Das Suvrettahaus bei St. Moritz. Ein Beitrag zum Hotelbau-Problem der Gegenwart, in: Schweiz. Bauztg. 69, Nr. 7, 1917, S. 71.

12 Ebd. S. 95.

13 Ebd. S. 95.

schlagen? Man beachte besonders, wie sinnig die verschiedene Behandlung der Ecktürmchen (einmal mit Spitzhelm, ein andermal mit Zinnenkranz) der pittoresken, unsymmetrischen Bauweise des Mittelalters abgelauscht ist. Wir gehen wohl nicht fehl, wenn wir annehmen, daß diese einzigartige Blüte schweizerischer Architektur bei allen uns nach dem Kriege besuchenden Herren Fremden ein Echo des Entzückens auslösen wird«[14]. Diese negative Einschätzung war allgemein vorherrschend. Der palastartige Hotelbau wird von der Fachliteratur – wenn überhaupt – nur am Rande behandelt. Um so mehr findet er Eingang in die Romanliteratur; nicht zuletzt ein Zeichen für das Bedürfnis nach diesen Bauten und dem Hotelerlebnis[15].

Die nach dem Ersten Weltkrieg erschienenen Publikationen zeigen dann »Neue Wege im Hotelbau« auf[16]. Die Entwicklung der Hotelarchitektur, zum Teil noch Gegenstand der Abhandlungen von E. Guyer, v. d. Hude und L. Klasen, findet keine Berücksichtigung. Neben diesen, die zeitgenössische Planung betreffenden Schriften, beschränkt sich die Untersuchung der Thematik bis in neueste Zeit auf kulturgeschichtliche Aspekte des Gasthof- und Hotelwesens. Meist weit ins Mittelalter zurückgreifend wird der Zeit nach 1850 nur wenig Platz eingeräumt[17].

Über Hotelbauten und »Zur Stilgeschichte des Hotels« handelt erstmalig ein zusammenfassender Beitrag von Peter Meyer, veröffentlicht 1942[18]. Der historisti-

14 Ebd. S. 95.

15 Vgl. *Peter Meyer,* Hotelbauten und Stilgeschichte des Hotels, in: Das Werk, 1942, S. 211–227; hier S. 226.

16 So ein Titel von *W. Amstütz,* Zürich/Leipzig 1929; *John Diethelm,* Handbuch des schweizerischen Hotelbaus, Zürich 1920; *Max Wöhler,* Gasthäuser und Hotels, Berlin/Leipzig 1929. Der Typus des »Palasthotels« findet keinerlei Erwähnung.

17 Am ausführlichsten mit sehr umfangreichem Literaturhinweis: *Friedrich Rauers,* Kulturgeschichte der Gaststätte, 2 Bde. Berlin 1941;
ferner *Moritz Hoffmann,* Geschichte des deutschen Hotels, Heidelberg 1961.

18 *Peter Meyer,* in: Das Werk, 1942, S. 211–227. Der Aufsatz »Stilgeschichte des Hotels« ist geändert und gekürzt in der Schweizerischen Stilkunde des gleichen Verfassers unter dem Abschnitt »Hotel-Bauten« enthalten. *P. Meyer,* Schweizerische Stilkunde. Von der Vorzeit bis zur Gegenwart, 5. Aufl. Zürich (1944), S. 199–203. Nochmals nimmt *P. Meyer* zur Stil-

schen Architektur ablehnend gegenüberstehend, richtet er sich im besonderen Maße gegen die »Inflation der Architekturformen, die sich auf dem Gebiet des Hotelbaus ganz besonders verheerend auswirkte«[19] und hier in erster Linie gegen den »Typus des irgendwo frei in die Landschaft gestellten Grand-Hotels von ausgesprochen palastartigem Typus«[20]. In geordneter Ansammlung (Hotelstraße) spricht er den Hotelpalästen allerdings milieubildenden Charakter zu, indem er treffend beobachtet, daß »sie eine seltsam irreale Stadt bilden«[21]. Die ablehnende Tendenz wird jedoch u. a. deutlich in dem Vorschlag, eine Gruppe großer Hotelbauten ließe sich »architektonisch erträglicher gestalten durch Vereinfachung des Äußeren und der inneren Ausstattung.[22]«

»Vereinfachung« ist auch die Tendenz, die den Bericht über die bauliche Sanierung von Hotels in 35 Schweizer Kurorten durchzieht[23]. Die bis dahin umfassendste städtebauliche Untersuchung in der Schweiz aus dem Jahre 1944, an der 70 Architekten mitwirkten, richtet sich u. a. gegen die großen Hotelbauten im Engadin. Über St. Moritz heißt es etwa: »Das Sammelsurium der wildesten Dachformen ... hinterläßt den Eindruck eines unbeschreiblichen Durcheinanders«[24]. Die Lösung wird u. a. in der »Bereinigung der in den verschiedensten, oft sehr wilden Formen aufgebauten Hoteldächer« gesehen[25]. Eine Skizze veranschaulicht die Vorstellung von einem sanierten St. Moritz: Alle Dachaufbauten und Giebel einschließlich des charakteristischen Turms des »Palace Hotels« sind beseitigt. Zur Ausführung gelangten die Vorschläge nicht; die »Sanierung« blieb auf Einzelobjekte beschränkt.

Frei von einer negativen Wertung ist 1962 der Abschnitt »Hotels« in Adolf Reinles Kunst-

geschichte des Hotels Stellung in: Bauliche Sanierung von Hotels und Kurorten, Schlußbericht, bearb. u. hrsg. v. *A. Meili*, Erlenbach-Zürich, 1945, S. 41–46.

19 *P. Meyer*, in: Das Werk, 1942, S. 211.

20 Ebd. S. 224.

21 Ebd. S. 219.

22 Ebd. S. 224.

23 Bauliche Sanierung von Hotels und Kurorten, Schlußbericht, bearb. u. hrsg. i. Auftrag d. Eidgenössischen Amtes f. Verkehr v. *A. Meili*, Erlenbach-Zürich, 1945.

24 Ebd. S. 56.

25 Ebd. S. 60.

geschichte der Schweiz[26]. Die drei wichtigsten Entwicklungsstufen werden an den Luzerner Hotels »Schweizerhof« (1846), »National« (1871) und »Palace« (1904/06) verdeutlicht[27].

Den besten Überblick zur Hotelentwicklung gibt N. Pevsner in »A history of building types«[28]. Schwerpunktmäßig wird die Entwicklung in den USA und Großbritannien aufgezeigt, während Mitteleuropa in seinen bekanntesten Beispielen nur kurz angerissen wird. Die bislang einzige intensive Beschäftigung mit dem Bautypus »Hotel« bezieht sich, wie bereits bemerkt, auf zwei Luzerner Hotels – »Schweizerhof« und »National« – sowie die Verbindung zwischen Hotelbau und städtebaulichen Bestrebungen in Luzern[29]. In den Publikationen zur Architektur Wiens im 19. Jahrhundert werden die in Frage kommenden Hotels mit angesprochen[30]. Dagegen finden die Berliner Hotels in der neuesten Untersuchung zur Baukunst Berlins zwischen 1840 und 1870 nur stichwortartige Erwähnung[31]. In dem Band für den Zeitraum 1885 bis 1914[32] fehlen sie, da schwerpunktmäßig Objekte, die der Architektur der neuen Sachlichkeit folgen, vorgestellt werden. Erst die Reihe »Berlin und seine Bauten« beschäftigt sich in dem jüngst erschienenen Band über das Gastgewerbe mit den großen Berliner Hotels[33]. Unter »Schloß-

26 *Adolf Reinle,* Kunstgeschichte der Schweiz, 4. Bd., Die Kunst des 19. Jahrhunderts. Architektur/Malerei/Plastik, Frauenfeld 1962, S. 112–116.

27 Ebd. S. 114–115.

28 *Nikolaus Pevsner,* A history of building types, London 1979, S. 169–192.

29 *Ottiger,* Luzerner Hotelbauten. Parallellaufende Entwicklungen an anderen Stellen werden hierbei nicht berücksichtigt.

30 *Renate Wagner-Rieger,* Wiens Architektur im 19. Jahrhundert, Wien 1970; Die Wiener Ringstraße, Bd. VII, *Klaus Eggert,* Der Wohnbau der Wiener Ringstraße im Historismus 1855–1896, Wiesbaden 1976; Die Wiener Ringstraße, Bd. I, Das Kunstwerk im Bild, hg. v. *Renate Wagner-Rieger,* Graz 1969.

31 *Eva Börsch-Supan,* Berliner Baukunst nach Schinkel 1840–1870 (= Studien zur Kunst des 19. Jahrhunderts, Bd. 25), München 1977.

32 *Julius Posener,* Berlin auf dem Wege zu einer neuen Architektur, Das Zeitalter Wilhelms II. (= Studien zur Kunst des 19. Jahrhunderts, Bd. 40), München 1979.

33 Berlin und seine Bauten. Hrsg. v. Architekten- und Ingenieur-Verein Berlin, T. VIII, Bauten für Handel und Gewerbe, Bd. B. Gastgewerbe, Berlin/München/Düsseldorf 1980.

gestalt und schloßähnliches Wesen« bezieht Albert Knoepfli mehr allgemein den Hotelbau in seine Untersuchung zum Schloßbau des 19. Jahrhunderts mit ein[34] und verdeutlicht u. a. damit das dem Historismus eigene Phänomen der Gestaltübertragung.

Daß die Entwicklung des Hotelbaus, die auf ihrem Höhepunkt im ersten Jahrzehnt des 20. Jahrhunderts zu regelrechten Hotelstädten führte (z. B. Gastein, Karlsbad, Montreux, St. Moritz, Monte Carlo) und alte Städte wesentlich prägte (z. B. Wiesbaden, Baden-Baden, Nizza) bisher so gut wie keine Beachtung fand, ist nicht ganz erklärlich. Sicher mag die fast unübersehbare Fülle an Material eine Rolle spielen. Grenzen setzt auf jeden Fall die äußerst schlechte Quellenlage. Bemerkt R. Ottiger[35] in der oben erwähnten monographischen Untersuchung über die zwei relativ gut dokumentierten Hotels in Luzern – »Schweizerhof« und »National« –, daß die Baugeschichte hierfür »nur auf dem Umweg mühevoller, ja detektivischer Kleinarbeit nachvollzogen werden kann«, so war es für etliche hier genannte Beispiele schon schwierig, das Jahr der Erstellung in Erfahrung zu bringen, vor allem für nicht mehr existierende Bauten. In einigen Fällen erwies es sich als nicht möglich, den Namen des Architekten festzustellen. Zur Verdeutlichung der Architekturleistung »Hotel« schien aber die Aufnahme auch dieser Objekte wichtig.

34 *Albert Knoepfli,* Zum Schloßbau des 19. Jahrhunderts in der deutschsprachigen Schweiz, in: Historismus und Schloßbau, S. 154–178.

35 *Ottiger,* Luzerner Hotelbauten, S. 4.

Definition

Bereits während der Entstehungszeit dieses Hoteltypus hatte sich der Begriff »Hotelpalast« im Sprachgebrauch eingebürgert. Zeitgenössische Architekturberichte verwenden ihn ebenso, wie Reisehandbücher und Fremdenverkehrswerbung. »Königsschlösser verblassen vor der Herrlichkeit der Hotelpaläste« bemerkt bereits 1894 ein kritischer Bericht über den steigenden Luxus im Hotelwesen[36].

Selten wird die Bezeichnung Schloß verwandt, es sei denn bei eindeutiger stilistischer Anlehnung an den meist wehrhaften Schloßbau. Auch im folgenden wird im wesentlichen vom palastartigen Hotelbau bzw. vom Palasthotel zu sprechen sein. Zwar werden Schloß und Palast weitgehend als Synonyma verwandt[37], jedoch weist, bei allem Bedeutungswandel, den die Bauaufgabe Schloß bzw. Palast im 19. Jahrhundert erfahren hat, die Bezeichnung Schloß stärker auf den repräsentativen privaten Wohnsitz hin, während mit Palast eher öffentliche Gebäude, zu denen in gewisser Weise auch die Hotels zählen, gekennzeichnet werden;

36 Der Luxus im Hotelwesen, in: Z. IHV Nr. 21, 1894.

37 U. a. Lexikon der Kunst, Leipzig 1968, Bd. 3, S. 694–698: »Die Bezeichnung Palast ist im deutschen Sprachgebrauch wahlweise mit »Schloß« üblich.« Ebd. unter dem Stichwort »Hotel«, Bd. 2, S. 341: »Seine luxuriöseste Form bildete der sog. Palace-Typ«. Im französischen Sprachgebrauch werden die aufwendigen Hotelbauten dieses Zeitraums durchweg als »Palaces« bezeichnet. Zur Definition Schloß/Palast u. a.: *Michael Bringmann,* Was heißt und zu welchem Ende studiert man den Schloßbau des Historismus?, in: Historismus und Schloßbau, S. 27–48.

Gebäude mit höchstem Repräsentationsanspruch, der u. a. in monumentalen, meist symmetrisch gegliederten Bauformen zum Ausdruck gebracht wird.

In den Handbüchern der Architektur stellte das Palasthotel den höchstrangigen Beherbergungsbetrieb dar, der sich durch besondere bauliche Einrichtungen, die weit über das Notwendige hinausgehen, auszeichnet. Als Kriterien können benannt werden: eine anspruchsvolle äußere und innere architektonische Gestaltung, eine bestimmte Größe, aufwendige Gesellschaftsräume, bevorzugte Lage und die Organisation. Ein Merkmal charakterisiert diese Bauten wesentlich: das luxuriöse Milieu.

Der architektonische und organisatorische Aufwand rückte diese Bauten ausnahmslos in die Kategorie der »maisons de 1er ordre«, »de tout 1er ordre« oder »palatial«[38] mit entsprechenden Preisen, die nur von einer bestimmten Klientel aufgebracht werden konnten. Nur für große Häuser mit vermögendem Publikum lohnte sich die Einrichtung zahlreicher Gesellschaftsräume bis hin zu einem Ball- und Theatersaal (u. a. »Grand Hotel« Territet, »Montreux Palace« Montreux) oder einem eigenen Konzertsaal, wie ihn die Architekten Fellner und Helmer für das »Grand Hotel Pupp« in Karlsbad entworfen haben (1905/06). *Abb. 3*

Das »Maloja Palace Hotel« in Maloja/Engadin, ist ein Beispiel für den Aufwand und Luxus dieser Hotelbauten. Der 1884 fertiggestellte Monumentalbau[39] besaß neben zahlreichen Speisesälen einen Ballsaal, einen Theater- und einen Konzertsaal. Ein aus Berufsmusikern der Mailänder Scala bestehendes Orchester gab während der Sommermonate täglich zwei Konzerte[40]. Acht Monate im Jahr blieb der aufwendige Bau geschlossen.

Der Zusammenhang zwischen einer bestimmten Größe und architektonischem Aufwand trifft für Kurorte fast immer zu, läßt

38 *Griebens* Guide Books, Vol. 108, Berlin, Berlin/London 1931, S. 22: vor die »Luxurious Hotels« ist für Berlin beispielsweise noch die Kategorie »Palatial« gesetzt.

39 Schweiz. Bauztg. 12, 1888, Nr. 26. S. 167.

40 Geschichte d. »Maloja Palace«, Masch., 3 S., Kurverwaltung Maloja, Maloja, o. J.

Abb. 3 MONTREUX, Montreux Palace Hotel, Festsaal, Zustand 1978.

sich auf Großstädte, vor allem seit dem ausgehenden 19. Jahrhundert, jedoch nicht allgemein übertragen; hier entstehen neben den Luxushotels große Hotelbauten für »Geschäftsreisende« oder für »bescheidenere Ansprüche«, wie sie im allgemeinen ausgewiesen werden.

Hotels ab ca. 150 Zimmern können schon zu den großen Häusern gerechnet werden, eine Zahl von 250 Zimmern rückte ein Haus meist an die Spitze einer Großstadt oder eines Kurortes mit starkem Fremdenverkehr. 300 Zimmer wurden selten erreicht, 400 Räume waren bis nach dem zweiten Weltkrieg eine Ausnahme.

Eine Sonderstellung nehmen Paris und London ein. Das 1855

eröffnete »Grand Hotel du Louvre« in Paris soll ca. 700 Zimmer gehabt haben[41]; erst 1886 wurde es durch das »Hotel Cecil« in London, dem damals größten Haus in Europa, mit rund 800 Gastzimmern übertroffen[42]. Derartige Zimmerkapazitäten blieben auf diese beiden Städte beschränkt.

Die Luxushotels in Berlin und Wien dagegen lagen in ihrer jeweiligen Zimmeranzahl sogar hinter den Kurhotels der Schweiz zurück. Das Hotel »Kurhaus & des Bains« in St. Moritz, das »Maloja Palace« in Maloja oder das »Grand Hotel« in Territet hatten bereits vor 1900 jeweils rd. 300 Zimmer; sie übertrafen damit sowohl »Kaiserhof« und »Adlon« in Berlin, als auch das »Imperial« und »Grand Hotel« in Wien. Erst das »Esplanade« erreichte 1908 in Berlin mehr als 300 Zimmer[43], ebenso wie das »Grand Hotel« in Wien durch einen Erweiterungsbau von 1913. Von den Hotels der großen deutschen Kurorte dürfte um 1900 der »Nassauer Hof« in Wiesbaden mit 300 Gasträumen mit an der Spitze gelegen haben.

Zur gleichen Zeit wies St. Moritz vier luxuriöse Hotels mit jeweils ca. 300 Zimmern auf: »Kurhaus & des Bains«, »Neues Stahlbad«, »Grand Hotel Victoria«, »Grand Hotel Engadiner Kulm«. 300 Zimmer waren jedoch das Maximum, das auch von den großen Palasthotels der Riviera kaum übertroffen wurde. Etwa 400 Räume erreichten dann noch kurz vor dem Ersten Weltkrieg das »Royal Palace« in Ostende, das »Royal« in Deauville, das »Majestic Palace« in Nizza und das »Excelsior Palace« auf dem Lido von Venedig.

Die Anzahl der Zimmer bezieht sich auf die teils schwankenden Angaben von Reiseführern und Hotels; sie können nur als ungefährer Anhaltspunkt gesehen werden. Im einzelnen ist nicht zu ermitteln, wieweit die Zimmer für eigene Dienerschaft der Gäste hinzugenommen und wie mehrräumige Appartements gerechnet

41 *Pevsner,* Building types, S. 188.

42 *H. J. Dyos, M. Wolff* (Hg.), The Victorian City, Vol. II, London 1978, S. 319, 325. Erb. v. Perry & Reed.

43 Das »Zentral Hotel« der Architekten *v. d. Hude* u. *Hennicke,* erb. 1880, hatte mit Nebenräumen ca. 500 Zimmer, ist jedoch nicht in diese Kategorie einzuordnen; Dtsch. Bauztg. 14, 1880, Nr. 75, S. 402.

wurden. Eine hohe Zimmeranzahl schien für das Prestige des betreffenden Hauses von Bedeutung gewesen zu sein. In der Eigenwerbung wird die Anzahl der Räume besonders hevorgehoben[44].

Allein von der Größe und der Architektur läßt sich die Definition nicht ableiten, wie auch eine genaue Abgrenzung dieses Typus innerhalb des gesamten Hotel-

44 Hotels mit Dependancen wurden hier nicht berücksichtigt, es sei denn bei direktem architektonischen Bezug, beispielsweise beim »National« in Luzern.

Abb. 4 EVIAN-LES-BAINS, Hotel Royal, 1907/09, Zustand der Dachzone vor 1958.

baues verschwommen ist. Würde man den Bautypus »Palasthotel« nur an der Rezeption formaler historischer Stilelemente definieren, müßte man eine Reihe von Bauten ausschließen, die durchaus dem genannten Typus zuzurechnen sind. Das Dach des
Abb. 4 »Hotel Royal« in Evian ist beispielsweise ohne historisches Vorbild; die Dimensionen, der Formenreichtum und die Gliederung intendieren dennoch den Effekt des Palastartigen.

Neben den architektonischen Eindrücken wird der Charakter dieses Bautypus auch von stimmungsmäßigen Assoziationen getragen. Das Element des Scheins und des Künstlichen ist dem Palasthotel wesentlich zugehörig; exklusive Abgeschlossenheit ist ihm ebenso zu eigen wie eine feudale Prestigeaura.

Hotelpalast und Gesellschaft

»Da es in München wirklich bisher an einem Gasthofe gefehlt hat, in welchem hohe Herrschaften ein anständiges Unterkommen finden konnten, so hat eine Gesellschaft von drei Personen den Entschluß gefaßt, diesem Mangel auf Actien abzuhelfen, ja dem Vernehmen nach soll höchsten Orts allein mit 200.000 Gulden dazu beigesteuert worden sein«, berichtet die Zeitschrift für praktische Baukunst 1841[45]. Diese früheste Beschreibung eines Hotelbaues in Deutschland (»Hotel Bayerischer Hof«, München) fährt fort: »Der ganze Bau gehört, wie es von einem neumünchner Baue zu erwarten stand, zu den imposantesten, das Innere verdient in jeder Beziehung grandios zu heißen. Das Gebäude hat 15 Fenster Fronte und drei Etagen, von denen die Belle-Etage wahrhaft fürstlich eingerichtet ist, die anderen beiden mindestens gräflich. Im Erdgeschosse befinden sich drei Speisesäle, wahrscheinlich für die drei Kategorien der künftigen Gäste.« Deutlich zielt dieser frühe Bericht bereits auf die Verwandtschaft von Hotelbau und aristokrati-

45 Zeitschr. f. praktische Baukunst 1, 1841, S. 219.

schem Palais. Kein Zweifel wird über den Kreis der künftigen Gäste gelassen: Angehörige der Aristokratie.

Vorweggenommen ist auch die Art der Finanzierung. Zunehmender architektonischer Aufwand, glänzende Einrichtung und exklusive Standortwahl verursachten immense Kosten, die fast ausschließlich auf Aktienbasis erbracht werden konnten.

Bis zum Ersten Weltkrieg blieb die Aristokratie bevorzugte Zielgruppe, die in Werbung und Namengebung einbezogen wurde. Sicher konnte kaum eine dieser »maisons de luxe« oder »maisons très distinguées«, wie sie sich oft selbst bezeichneten, alleine von einer aristokratischen Klientel existieren; dem Nimbus des Hauses diente diese aber ebenso, wie die aufwendige palastartige Architektur und Ausstattung. Die Klientel selbst wurde zu einem Empfindungsträger, der Palast assoziierte. Erst die Präsenz der tonangebenden Gesellschaft erfüllte den vorgegebenen architektonischen Rahmen mit den entsprechenden Funktionen.

Der immense Aufschwung des palastartigen Hotelbaues in den beiden Jahrzehnten vor dem Ersten Weltkrieg ist nur zum Teil in der Zunahme des Reisens zu sehen – hierfür hätte auch weniger Aufwand genügt; vielmehr ist er in den gesellschaftlichen Zusammenhängen zu suchen. Infolge der Industrialisierung verwandelte sich die Oberschicht, die bis dahin ausschließlich von der Aristokratie gebildet wurde, zu einem inhomogenen Gebilde. Das Bemühen um sozialen Aufstieg der industriell und kommerziell führend tätigen Kreise gewann mit dem industriellen Aufschwung seit etwa 1850 an Bedeutung und fand in den letzten beiden Jahrzehnten des 19. Jahrhunderts u. a. in zahlreichen Nobilitierungen seinen Niederschlag. Aristokratischer Lebensstil übte auf Gruppen reich gewordener Industrieller, Bankiers und Großhändler eine starke Anziehungskraft aus; er wurde nachgeahmt und häufig übersteigert. Das Vermögen diente in hohem Maße der Entfaltung dieses Lebensstils mit seinen spezifischen Statussymbolen, wie prunkvollen Häusern und Villen.

Die Architektur des Bauwerks diente dem Repräsentationsbedürfnis der reich gewordenen Auf-

Abb. 5 steiger ebenso wie dem Geltungs-
Abb. 6 anspruch der alten Aristokratie. Außerhalb des privaten Ambiente bot das palastartige Hotel die von beiden Gruppen angestrebte Umgebung von traditionellen, an absolutistischen Vorbildern orientierten Wohnvorstellungen. Das Palasthotel kam den Identifikationswünschen und dem Selbstdarstellungsbedürfnis einer an Luxus gewöhnten Gesellschaft entgegen.

Kaum ein anderer »öffentlicher« Bautypus bot dieses Höchstmaß an Darstellung von Reichtum und Lebensstil. Konnte man sich in den Foyers, Treppenhäusern und Logen der Theater nur einen Abend lang zur Geltung bringen, so war das in den zahlreichen Gesellschaftsräumen und Sälen der Hotels über Wochen und Monate hin möglich, unter Entfaltung wesentlicher Statussymbole, zu denen beispielsweise die eigene Dienerschaft bis hin zum Leibarzt und persönlichen Kurier zählten[46].

Wie im privaten Schloß- und Villenbau der Status der Bewohner architektonisch sichtbar gemacht wurde, so mußte er auch im Hotelbau zum Ausdruck gebracht werden. Daß die auf Wahrung ihrer adeligen Exklusivität bedachte Geburtsaristokratie ihre soziale Distanzhaltung mit dem Hotelbesuch aufgab, mag nicht zuletzt daran gelegen haben, daß auch ihre höchsten Repräsentanten sich zu zeitweiligen Aufenthalten in Hotels niederließen und nicht etwa ein privates Quartier bevorzugten.

Voraussetzung für den Zugang war hier nicht der adelige Hintergrund, wie an den Höfen der großen Residenzstädte, sondern alleine die nötigen Geldmittel. Die Aristokratie begegnete also in diesen Hotels nicht nur der neuen Hochfinanz, sondern auch einer Personengruppe, die sich den Palast nur auf Zeit leisten konnte, für die das »Mehr-Scheinen« wichtig war. Dieses Streben ist bereits

46 Eine wichtige Funktion kam den Bade- und Fremdenlisten zu, die für die Veröffentlichung sorgten. »Die Kurliste wird eifrig und täglich studiert, wir kennen den Namen, die Heimat, den Stand eines jeden Badegastes, seine Wohnung, die Zahl seiner mitgebrachten Diener, wir schließen auf seinen Reichtum …« *Marie von Ebner-Eschenbach,* Aus Franzensbad, zit. nach: Große Welt reist ins Bad, Ausstellungskatalog, München/Wien 1980, S. 116.

Abb. 5 LAUSANNE-OUCHY, Beau Rivage Palace Hotel, Speisesaal.

durch die Architektur vorgegeben. Das Hotel zeigt sich als Palast; d.h., den Wünschen des Publikums entsprechend muß es sich so zeigen.

An diesen Bedürfnissen gingen die Anstrengungen der Schweizer Heimatschutzbewegung beispielsweise vorbei, die sich gegen die prunkvollen »Hotelkästen« richteten[47]. Unter diesem Einfluß erbaute N. Hartmann 1907 das

Abb. 6 BERLIN, Boarding Palast (Hotel Cumberland), 1911/12, Frühstückshalle, nach Kriegsbeschädigung Gebäude vereinfacht wieder aufgebaut.

47 Vgl. *S. Guyer*, in: Schweiz. Bauztg. 69, 1917, S. 71–74, S. 85–87, S. 94–98.

Abb. 7 ST. MORITZ, Hotel La Margna, 1907, rechter Gebäudetrakt nachträglich aufgestockt.

Abb. 8 ST. MORITZ, Palace Hotel (l.) und Grand Hotel (r.) Aufnahme um 1910.

Abb. 7 »Hotel La Margna«[48] in St. Moritz, indem er ein teilweise sechsgeschossiges Gebäude in die Form eines Engadiner Steinhauses zu zwängen versuchte mit einer kaum gegliederten, schmucklosen Fassade, auf der zwei kleine asymmetrisch angeordnete Erker kurios wirken. Die kritisierte »Kastenform« ist dem Bau geblieben.

Auch S. Guyer, den Monumentalität auch in freier Landschaft nicht störte, verkannte die Situation mit Vorstellungen von ruhiger und klarer Einfachheit, wie sie alten Klöstern zu eigen ist. Dem Repräsentationsbedürfnis einer an Luxus gewohnten Klientel hätten bäuerlich oder klösterlich anmutende Hotels wohl kaum das gewünschte Ambiente geboten. Das gesellschaftlich tonangebende Publikum bestimmte, wie ein Hotel auszusehen hatte und welcher Ort à la mode war. Um diese Zeit berühmt gewordene Orte, etwa Montreux und
Abb. 8 St. Moritz-Dorf, wiesen denn auch eine Konzentration großer prunkvoller Hotels auf.

Die im ersten Jahrzehnt des 20. Jahrhunderts zunehmende Kritik steht im Gegensatz zu dem gleichzeitig Gebauten. Der Zusammenhang zwischen Hotelbau als architektonischem Ausdrucksmittel und dem Selbstdarstellungsbedürfnis der Klientel wird kaum angesprochen; selten so deutlich, wie in einem Artikel über das projektierte »Mira Monte Hotel« in Marienbad, ein mit neobarockem Dekor reich versehener Bau. »Wer sich eventuell daran stößt, daß das Bild des Baues nicht in die Landschaft hineingebaut und ihr nicht ergänzend angepaßt ist, verkennt den Zweck eines Kur-Hotels vollkommen und mag schauen, wie er mit seiner theoretisch vielleicht richtigen, aber praktisch vollkommen verfehlten Ansicht, in gegebenen Fällen zurecht kommt«. Der Bau sollte in die Ferne wirken und imponieren, denn »die leblosen Formen überzeugen, die lebenden Psychen täuschen und zwar sich selbst und andere«[49].

48 Das Hotel »La Margna« in St. Moritz, in: Schweiz. Bauztg. 53, 1909, S. 277–283.

49 *B. Haas*, Hotel-Restaurant Mira Monte in Marienbad, in: Der Profanbau 1905, Nr. 7, S. 119–122, hier S. 122. Erb. v. Eduard Prandl.

Wie schon angedeutet, war neben der spezifischen Architektur die Präsenz der Hocharistokratie ein wesentlicher Empfindungsträger, der Palast assoziierte. Darüber hinaus war der Besuch führender Kreise der Aristokratie ein wichtiger Indikator für die Entwicklung des betreffenden Hotels; besonders betont in der Werbung. Hotels empfehlen sich als »résidence impériale«, »Absteigequartier Allerhöchster Herrschaften«, »patronised by Royalty«, »maison aristocratique« oder »von der Aristokratie bevorzugt«[50].

Nach der Jahrhundertwende ist das intendierte Publikum der »maison de tout 1er ordre« nicht mehr allein die Aristokratie. In Charakterisierungen wie »Rendezvous du High-life français et étranger«[51] wird eine reiche, internationale Gesellschaft angesprochen. Als bevorzugte Zielgruppe sah sich bis zum Ersten Weltkrieg die Aristokratie selbst. 1913 forderte die Deutsche Adelsgesellschaft für ihre Mitglieder Rabatte bei Hotelaufenthalten – empört wies der Internationale Hotelbesitzer-Verein diese Privilegierung zurück[52]. Ein Anzeichen der sich anbahnenden gesellschaftlichen Veränderungen.

Auch die Namengebung weist zunehmend assoziativen Charakter auf und erfährt bis 1914, ebenso wie die Architektur, eine Steigerung, die sich in Zusammensetzung mehrerer klangvoller Bezeichnungen niederschlägt, z. B. »Royal Hotel and Winter Palace« (Gstaad), oder »Grand Hotel Excelsior Regina« (Nizza). Während in Deutschland Namensbildungen mit -hof (Königshof, Fürstenhof etc.), die auf eine im Barock gebräuchliche Bezeichnung für ein Adelspalais verweisen, weitgehend beibehal-

50 Die Beispiele, Reisehandbüchern und Unterkunftsverzeichnissen entnommen, ließen sich um viele erweitern. Selbst *K. Baedeker*, der in seinen Reisehandbüchern keine Reklame betreibt, hebt die führenden Hotels zur besseren Charakterisierung mit Bezeichnungen wie »très distinguée«, »somptueuse maison«, »établissement magnifique« hervor.

51 Hotel de Paris, Monte Carlo, in: Guides Joanne, Nice, Beaulieu, Monaco, Paris 1905–1906, S. 90.

52 Z. IHV 1913, Nr. 21, S. 11 u. Nr. 26, S. 19.

ten wurden, häufig dem Zeitgeschmack entsprechend unter Zufügung von »Grand« oder »Park«, bezeichnen sich große Hotels in Frankreich und der Schweiz[53] seit dem Ende des 19. Jahrhunderts in zunehmendem Maße als Paläste. Gab es in den Rivieraorten Cannes, Nizza, Monte Carlo und Menton 1897 erst zwei »Palace«-Hotels, waren es zehn Jahre später über ein Dutzend, wobei bombastische Bezeichnungen vorkamen, bis hin zu einem »Riviera Majestic Palace Hotel«, das Peter Behrens für San Remo entworfen hatte. Werbeprospekte für dieses Unternehmen waren von der Aktiengesellschaft bereits verschickt worden, als der Bau durch den Ausbruch des Ersten Weltkrieges verhindert wurde[54].

Fürstliche Residenzen signalisieren auch Benennungen wie »Royal«, »Imperial«, »Balmoral«, »Regina«, »Carlton«[55], oft in Zusammensetzung mit »Grand«, »Excelsior«, »Splendide« etc. Schließlich erfuhr der Name »Palace« wie vorher schon das »Grand« eine gewisse Entwertung, indem Häuser, die weder in der Architektur noch in den übrigen Einrichtungen diesem Anspruch genügten, sich diesen Namen zulegten. So unzutreffend die Bezeichnung für diese Bauten war, so kurios konnte die Namenskombination werden. So nannte sich in Monte Carlo ein Hotel »Sun Palace & Rheinischer Hof«[56].

53 Natürlich auch im übrigen Ausland, wobei in südlichen Ländern wie Italien und Spanien Namenskombinationen gebräuchlicher sind.

54 *Franz Servaes*, Das Kurhotel der Zukunft. Ein Bauplan von Peter Behrens, in: Bildende Künste, Wiener Monatshefte vereinigt 1, 1916/1918, S. 41–57, hier S. 43.

55 Carlton House war die Bezeichnung der ehemaligen Londoner Residenz des Prince of Wales.

56 *Baedeker*, Sud-Est de la France, 1910, S. 473.

Bereits die Wahl des Standortes gibt einen entscheidenden Hinweis auf den Anspruch des betreffenden Hotels. Dies gilt sowohl für Stadthotels, als auch für die großen Hotelbauten der Kurorte. Bahnhofsnähe oder die direkte Einbindung in den Bahnhofskomplex spielten bei den erstrangigen Hotels der großen Städte eine geringere Rolle als bei kleinen Städten und verlor zusehends an Bedeutung. In den Weltstädten Berlin, Paris und Wien ist auch für die frühe Zeit diese Tendenz nicht festzustellen. Die führenden Hotels lagen im Geschäftszentrum, in vornehmen städtischen Wohngebieten oder in der Nähe von Regierungsgebäuden, kulturellen Einrichtungen oder Hauptsehenswürdigkeiten.

»Schon durch die vornehme Lage ist dem Hotel sein besonderer Charakter aufgeprägt«, heißt es 1909 vom »Hotel Esplanade« im Berliner Tiergartenviertel[57]. »Am vornehmsten Platze Berlins« wurde das »Hotel Adlon« errichtet[58]. Der Bau am Pariser Platz löste heftige Diskussionen aus, da ihm das von Schinkel 1829/30 umgebaute Palais Redern weichen mußte[59]. Unter den Linden stand das »Bristol«, am Kurfürstendamm das »Eden«, nahe dem Tiergarten der »Kaiserhof«. In Paris wurden die beiden ersten großen Hotels gegenüber der Oper, das »Grand Hotel«, und gegenüber dem Louvre, das »Grand Hotel du Louvre«, errichtet. In unmittelbarer Nähe zu den späteren Hotels »Ritz« und »Crillon«, beide in ehemaligen Adelspalästen installiert, steht der dritte große Hotelbau, das »Grand Hotel Continental«. Bevorzugt waren auch die Champs-Elysées und deren nächste Umgebung. Hier entstanden u.a. die Hotels »Elysée Palace«, »Plaza Athenée«, »Astoria« und »Majestic«. In Bahnhofsnähe lag keines der führenden Hotels in Paris.

In Wien wurde die Ringstraße zum attraktiven Standort; hier befinden sich das »Grand Hotel«, das »Imperial« und bei der Oper

57 Baugewerks-Ztg. 41, 1909, S. 13.
58 Dtsch. Bauztg. 41, 1907, Nr. 99, S. 693.
59 *H. Schliepmann,* Palais Redern und Hotel Adlon. Alt- und Neu-Berlin, in: Berliner Architekturwelt 11, 1909, S. 96–110.

das »Bristol« und das »Sacher«. Abseits der Bahnhöfe wurden in Frankfurt der »Frankfurter Hof«, in Düsseldorf das »Parkhotel«, in Hamburg das »Atlantic« und in München die »Vier Jahreszeiten« und der »Bayerische Hof« angelegt[60].

In den Kurorten war die Bahnhofsnähe überhaupt nicht entscheidend. Begehrt war die Nähe der Kuranlagen, also das Zentrum des Badelebens. Kurhaus, Casino und Badehäuser bildeten den architektonischen und gesellschaftlichen Mittelpunkt, in deren unmittelbarer Nähe die großen Hotelbauten vorzugsweise errichtet wurden, wie die Kurhotels in Bad Neuenahr, Bad Ems und Bad Kreuznach, der »Nassauer Hof« und das »Hotel Rose« in Wiesbaden oder das »Grand Hotel Messmer« und »Brenner's Park Hotel« in Baden-Baden. Die Wilhelmstraße in Wiesbaden wurde zu einer geschlossen bebauten Hotelstraße, während sich in Baden-Baden die großen Hotels vorzugsweise entlang der beliebtesten Promenade, der Lichtentaler Allee, ansiedelten.

In den stark von Fremden frequentierten Städten und Erholungsorten der Schweizer Seen waren bestimmte Quailagen am begehrtesten. Liegen in Zürich nur vereinzelt Hotels am See, darunter das »Baur au Lac«, so wird der Quai Mont Blanc in Genf vornehmlich von Hotelbauten geprägt, während das rechte Seeufer in Luzern dominierend von drei monumentalen Hotelkomplexen bestimmt ist: dem »Schweizerhof«, dem »National« und dem »Palace«. Die palastartige Monumentalität wird bei den beiden letztgenannten Gebäuden durch die ringsum freie Lage besonders deutlich.

In Montreux und Evian meiden anfangs die großen Hotelbauten die Seelage. Über dem See in exponierter Lage oberhalb von Montreux entstanden das »Grand Hotel« und das »Palace«, in Evian

60 In Frankfurt lagen zwei führende Hotels am Bahnhof: »Englischer Hof« (1903) und »Carlton« (1907). Z. IHV, Nr. 36, 1903 u. Nr. 21, 1907, S. 2. Beide waren jedoch kleiner und optisch weniger dominierend als der »Frankfurter Hof«. In mittleren Großstädten sowie in kleineren Städten waren neben den Marktplätzen die Bahnhofsnähe oder der Bahnhofsvorplatz bevorzugte Standorte.

Abb. 9 KARLSBAD, Hotel Imperial, 1910/12, nach 1945 Nutzungsänderung.

das »Splendide« und das »Royal«. 1906 wird dann am Seeufer von Montreux das prunkvolle »Montreux Palace« gebaut.

Die Rivieraorte zeigen eine ähnliche Entwicklung. Oberhalb von Nizza entstand das Hotelviertel »Cimiez« mit den Palasthotels »Excelsior Regina«, »Winter Palace«, »Majestic Palace« und »Riviera Palace«. Die Häuser waren ausschließlich für den Winteraufenthalt gedacht; im Sommer blieben sie geschlossen. Nachdem die Riviera auch im Sommer besucht wurde, trat eine Standortverlagerung ein. Die Lage an der Meerpromenade wurde nun begehrter Standort. In Nizza die promenade des Anglais, an der die Hotelpaläste »Negresco« (1912) und »Ruhl« (1913) errichtet wurden, in Cannes der boulevard Croisette mit dem »Carlton« (1911). Bereits in den zwanziger Jahren begann der Niedergang der oberhalb von Nizza gelegenen Hotels[61].

61 Von den genannten Bauten existiert keines mehr als Hotel. Als erstes Hotel stellte 1926 das »Impérial« den Betrieb ein.
Z. IHV, Nr. 7, 1926, S. 152.

Einen anderen Verlauf nimmt die Entwicklung in den Kurorten. Dort setzen sich, soweit möglich, die palastartigen Hotelneubauten bewußt von dem anwachsenden Fremdenzustrom ab, indem ein isolierter Standort gesucht wird. Wie eine überdimensionale Burg beherrscht das 1910/12 erbaute
Abb. 9 »Hotel Imperial« die Stadt Karlsbad und das gesamte Tepltal. Die exponierte Höhenlage demonstriert augenfällig die Idee dieses Hoteltypus: er ist »Höhenresidenz« in exklusiver Abgeschlossenheit. Die Verbindung zu den Brunnen- und Badeanlagen, bei früheren Bauten entscheidend für die Standortwahl, vermittelte beim »Imperial« in Karlsbad eine hoteleigene Drahtseilbahn. Die Gäste hatten die Möglichkeit, in zwei Minuten in das Zentrum des Badelebens »herunterzusteigen« bzw. ihm wieder zu »entschweben«.

Die verkehrstechnischen Neuerungen erlaubten nun auch Stadthotels außerhalb, in landschaftlich schöner Lage, zu errichten. Ein Beispiel ist das »Dolder Grand Hotel« in Zürich. Hier brachte die hoteleigene Straßenbahn die Verbindung zum Stadtzentrum. Ihre Endhaltestelle hatte sie in der Vorhalle des Hotelvestibüls, nahe der Haupttreppe und den Speisesälen.

Die Tendenz, Neubauten eine dominierende Höhenlage zu geben, nahm in den Kurorten bis zum Ersten Weltkrieg weiter zu. Überragende Dominanzfunktion kam neben dem »Imperial« in Karlsbad u. a. dem »Hotel Mirabeau« in Aix-les-Bains, dem »Palace« in Gstaad, den beiden größten Hotels in Evian, »Splendide« und »Royal«, beide durch eine Bergbahn mit dem Zentrum verbunden, und dem »plus bel Hôtel du monde«[62], dem »Riviera Palace« in Beausoleil zu. Eine hoteleigene Straßenbahn führte direkt zum Casino von Monte Carlo.

Der Nimbus des Feudalen wurde nicht nur durch die architektonische Gestaltung, sondern auch durch die wachsenden Dimensionen und die Höhenlage gesteigert. Häufig die größten Gebäude, beherrschten die Hotels ähnlich dem absolutistischen

62 Almanach de St. Pétersbourg, Cour, Monde et Ville 1910, St. Pétersbourg 1910, S. XIV.

Schloß den ganzen Ort. Terrassen und Parks sorgten für die gewünschte Distanz.

In St. Moritz war eine Steigerung kaum mehr möglich. In der wohl konzentriertesten Ansammlung von Hotelpalästen setzten bereits 1897 das architektonisch aufwendige »Palace« und 1905 das schon monströs zu nennende elfgeschossige »Grand Hotel« Akzente, die nicht mehr übertroffen werden konnten; nicht zuletzt wegen der einsetzenden heftigen Kritik. In der gedrängten Ansammlung verloren diese Bauten ihren exklusiven Charakter. Die zwei letzten, vor dem Ersten Weltkrieg noch in St. Moritz gebauten Großhotels, das »Carlton« und das »Suvretta House« setzten sich dann auch räumlich und gestalterisch von diesen Bauten ab.

Eine letzte Gruppe stellen die völlig isolierten, nicht in der unmittelbaren Nähe eines Ortes oder einer Stadt entstandenen Hotels dar. In den Handbüchern der Architektur sind sie als Berg- oder Aussichtshotels (z. B. die Hotels auf dem Rigi) gekennzeichnet. Meist in landschaftlich hervorragenden Gegenden errichtet, streben sie nur in wenigen Fällen das Image der großen Kurhotels an. Zu den aufwendigen Ausnahmen zählen u. a. die Bürgenstock Hotels – »Grand Hotel« (1872/73, erweitert 1912/13)[63] und »Palace Hotel« (1903)[64] – das »Grand Hotel Axenstein« oberhalb des Vierwaldstättersees, nach einem Brand 1901/02 von E. Vogt wieder aufgebaut[65], oder das kurz vor dem Ersten Weltkrieg fertiggestellte »Kurhotel Petersberg«[66] auf dem Petersberg bei Königswinter.

63 *August Eckert,* Die Entwicklung des modernen Reise- und Fremdenverkehrs im Gebiet des Vierwaldstättersees, Luzern 1932, S. 56–57.

64 Ankündigung der Eröffnung f. 1903, Z. IHV, Nr. 37, 1902.

65 Z. IHV, Nr. 47, 1901.

66 1913 im Bau. Z. IHV, Nr. 5, 1913, S. 11–12. Ausführlicher Bericht in: Z. IHV Nr. 28, 1927, S. 467–468.

Entwicklung und Erscheinungsformen

Für die Entwicklung des Bautypus Hotel waren die Erfindung der Eisenbahn und der Dampfschiffe, Vermehrung der Verkehrswege und bessere Straßenverhältnisse, das Wachsen der Städte, die Entwicklung des Tourismus sowie eine allgemeine Prosperität bis zum Ersten Weltkrieg, wesentliche Kriterien.

Der wichtigste Katalysator war sicher die Eisenbahn, deren erste Strecken 1829 in England, 1830 in Frankreich und Amerika und ab 1835 in Deutschland gebaut wurden. Die in diesem Zusammenhang hauptsächlich in Amerika und England errichteten »Eisenbahnhotels« unterscheiden sich in Größe und Ausstattung weitgehend von dem Gasthof früherer Zeiten; sie können als die ersten Großhotels angesehen werden. Zu den frühesten Bauten dieser Art zählen das »Bridge House Hotel«, 1835 von G. Allen in London, das »Victoria« und »Euston« Hotel, beide 1838/39 von Ph. Hardwick, ebenfalls in London[67]. Als das erste große Hotel in Amerika gilt das 1827/30 nach Plänen von I. Rogers ausgeführte »Tremont House« in Boston[68]. Auf die in Amerika und in England bereits früh einsetzende Hotelbautätigkeit kann hier nicht näher eingegangen werden.

In Deutschland, der Schweiz und in Frankreich unterscheiden sich die ersten Hotelbauten äußerlich nicht wesentlich von größeren vornehmen Wohnbauten. Führend im Hotelbau wird als erstes klassisches Reiseland für

67 *Christopher Monkhouse*, Railway Hotels. in: Railway Architecture, hg. v. *M. Binney* u. *D. Pearce*, London 1979, S. 118–139.
68 U. a. *Pevsner*, Buiding types, S. 175 f.

Erholungs- und Vergnügungsaufenthalte die Schweiz.

Wie ein klassizistisches Palais wirkt das 1830/34 von A. Miciol errichtete »Hotel des Bergues« in Genf[69]. Klassizistisch geprägt sind die Hotels »Baur en Ville« 1836/38 von Daniel Pfister (1907/08 durch Umbau verändert)[70] und

Abb. 10 »Baur au Lac«, das 1844 eröffnet wurde (Anbauten 1852, 1877 und 1896) in Zürich, der »Schweizerhof« in Luzern (1845/46), mit Nebengebäuden (1855/56), die wahrscheinlich von Johannes Plazidus Segesser stammen[71], sowie

Abb. 11 das »Grand Hotel des Trois Couronnes« in Vevey (1843)[72] von

Abb. 12 P. Franel und noch das »Beau Rivage Palace« in Lausanne-Ouchy, 1858/61 von François Gindroz[73].

Im Gegensatz zur Schweiz weisen die Beherbergungsbetriebe in den Kurorten Deutschlands um diese Zeit noch keinen ausgesprochenen Hotelcharakter auf. Hier nimmt die Entwicklung in den großen Städten ihren Anfang, wobei eigenständige große Hotelbauten relativ spät entstehen.

Abb. 10 ZÜRICH, Hotel Baur au Lac, 1844, seitdem mehrfach erweitert.

69 *B. Carl,* in: Das Werk, 1963, S. 458; *L. el-Wakil,* L'hôtel des Bergues à Genève, in: Unsere Kunstdenkmäler, S. 373 ff.

70 *Reinle,* Kunstgeschichte, S. 113 f.; Z. IHV Nr. 3, 1925, S. 55–57 u. Nr. 23, 1908, S. 3

71 *Ottiger,* S. 32 f. Hier auch die Diskussion über die Urheberschaft der Pläne. Der Schweizerhof wurde in der Folgezeit mehrmals erweitert.

72 *Fedia Muller,* Vevey et l'hôtel des Trois Couronnes, Vevey 1959. Portikus datiert 1848.

73 Beau-Rivage Palace 1861–1961, hrsg. von Beau-Rivage Palace, Lausanne 1961; *P. Bisegger,* Francois Gindroz, constructeur d'hôtels?, in: Unsere Kunstdenkmäler, S. 380–390.

Abb. 11 VEVEY, Grand Hotel des Trois Couronnes, 1843, Dachzone und Balkone nicht ursprünglich.

Abb. 12 LAUSANNE-OUCHY, Beau Rivage Palace Hotel, Hauptgebäude von 1858/61.

Berlin

1867 schreibt das »Wochenblatt des Architekten-Vereins zu Berlin«: »Unter den Berliner Hotels sind einige wenige Neubauten entstanden (der größte darunter das Hotel d'Angleterre, bei dem jedoch gleichfalls ältere Gebäudeteile benutzt worden sind), aber ihre Mehrzahl entspricht trotz des kolossalen Fremdenverkehrs, den Berlin aufzuweisen hat, sehr wenig den berechtigten Anforderungen«. Weiter heißt es: »Fast alle größeren Hotels sind ursprünglich gar nicht zu diesem Zwecke gebaut, sondern in früheren Privathäusern eingerichtet worden; einzelne bauliche Veränderungen, die aber mehr auf äußerliches Blendwerk berechnet

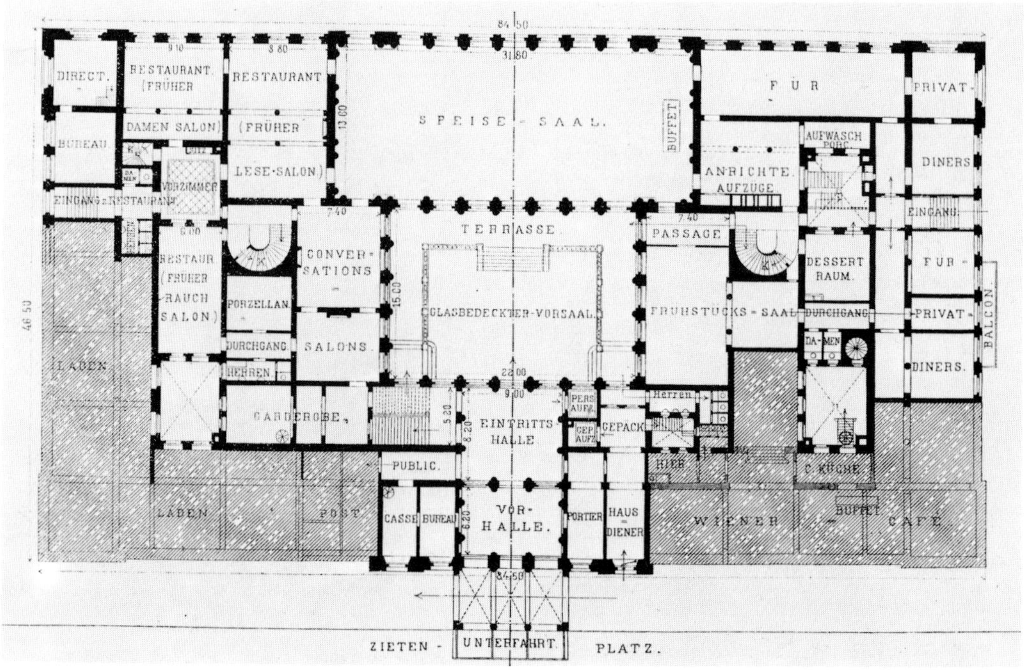

Abb. 13 BERLIN, Hotel Kaiserhof, Erdgeschoß-Grundriß.

sind, müssen den armseligen Kern dann herausstaffieren«[74].

Als erster Hotelbau großen
Abb. 13
Stils ist 1873/75 der »Kaiserhof« von Hennicke und v.d. Hude erbaut worden[75]. Der »Kaiserhof« wurde wegweisend für die Entwicklung der Berliner Hotels, die bis zur Jahrhundertwende relativ ruhig verlief. Um so spektakulärer war dann der Bau des Hotels
Abb. 14
»Adlon«, der an Aufwand und Komfort sämtliche Hotelbauten in Deutschland übertraf.

Wie kaum ein anderer Hotelbau löste das 1905/07 von C. Gause und R. Leibnitz errichtete »Adlon« Diskussionen aus[76]. Die Niederlegung des klassizisti-
Abb. 15
schen Palais Redern, das dem Neubau weichen mußte, erregte Kritik, aber auch die aufwendige Innenausstattung und die enormen Baukosten von 17 Millionen Mark[77]. Dem »Adlon« folgten bis zum Ersten Weltkrieg noch zwei nicht minder luxuriöse Hotelbau-
Abb. 16
ten, das »Esplanade« 1908 von Boswau & Knauer mit Erweiterungen von O. Rehnig (1911/12) und das »Eden« 1912 von M. E. Lesser[78].

Keine andere Stadt Deutschlands erreichte annähernd den

Abb. 14 BERLIN, Hotel Adlon, 1905/07, Front zum Pariser Platz, im Krieg zerstört.

74 Wochenbl. des Architekten-Vereins zu Berlin 1, 1867, S. 181. Hotel d'Angleterre erb. v. Eduard Titz.

75 *v. d. Hude,* Hdb. d. Architektur 1885, S. 207 ff.;
Baugewerks-Ztg. 7, 1875, S. 607–608;
Dtsch. Bauztg. 9, 1875, Nr. 79, S. 398–399.

76 *Hans Schliepmann,* Palais Redern und Hotel Adlon, in: Berliner Architekturwelt 11, 1909, S. 96–110;
Max Rapsilber, Das Hotel Adlon in Berlin, in: Der Profanbau, Nr. 23, 1907, S. 338–347;
Zentralbl. d. Bauverwaltung 28, 1908, S. 414–417 u. S. 422–424;
Dtsch. Bauztg. 41, 1907, Nr. 99, S. 693–697, Nr. 102, S. 713–715, S. 726–727.

77 Dtsch. Bauztg. 41, 1907, Nr. 99, S. 694.

78 U. a. Hotel Esplanade, in: Baugewerks-Ztg. 41, 1909, S. 13–15 u. S. 19–20;
Moderner Luxus im Hotel Esplanade, in: Bauwelt, 1912, Nr. 13, S. 14 f.;
Eden das neue Luxushotel am Zoo, in: Bauwelt, 1911, Nr. 112, S. 17.

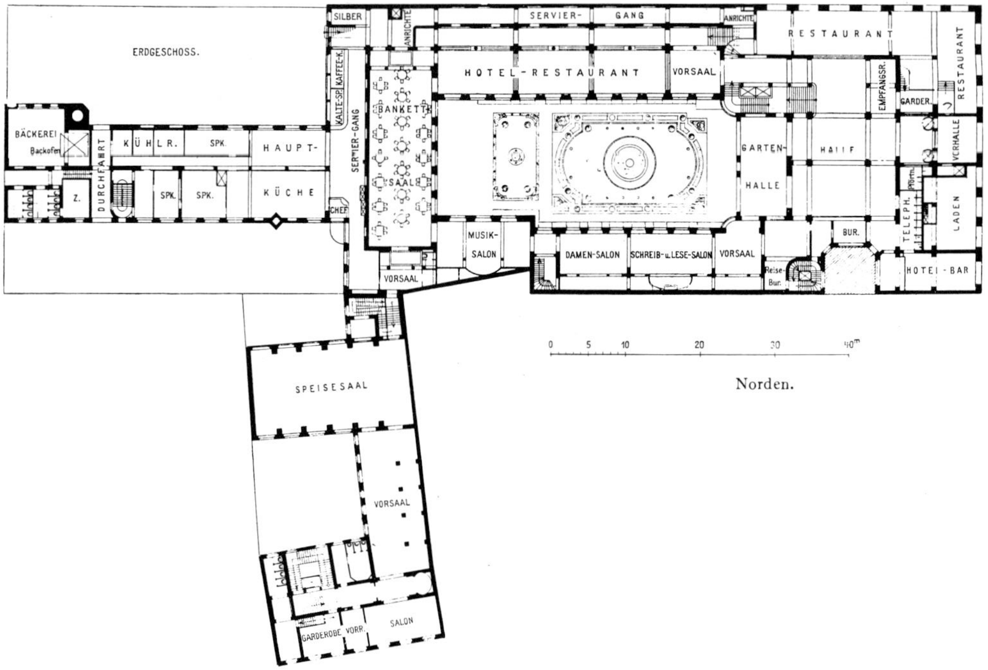

Abb. 15 BERLIN, Hotel Adlon, Erdgeschoß-Grundriß, Gestaltung durch komplizierte Grundstücksgegebenheiten beeinflußt.

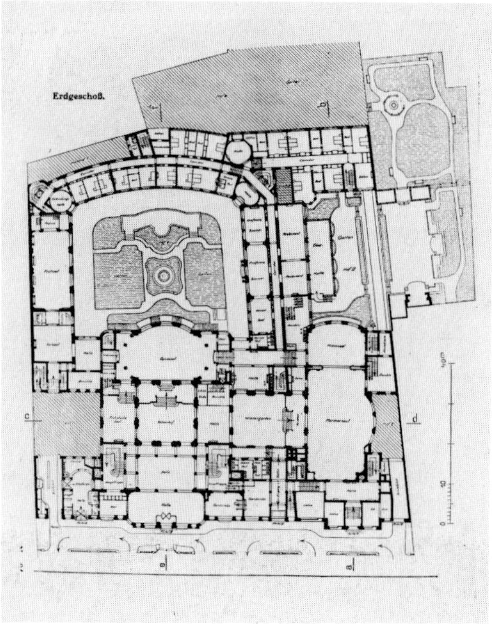

Abb. 16 BERLIN, Hotel Esplanade, Erdgeschoß-Grundriß, Repräsentationsräume.

Standard Berlins. Neben dem Berliner »Kaiserhof« kann der fast zeitgleiche »Frankfurter Hof« in Frankfurt/M., 1872/76 von Mylius und Bluntschli, als der bedeutendste Hotelbau dieser Zeit angesehen werden[79]. Mit einer als Garten gestalteten cour d'honneur, den zur Straßenfront eine Arkadenreihe abschließt, verweist er auf ein Konzept des barocken Schloßbaus, das in dieser Form in Deutschland nicht mehr zur Ausführung gelangte.

79 Hdb. d. Architektur, 1885, S. 205–207; *E. Guyer,* Hotelwesen, S. 113–117.

Im Maximilianstil, der einheitlich die Maximilianstraße in München kennzeichnet und der auf der Grundlage der Neugotik basiert, wurde nach Entwürfen von Gottgetreu 1856/57 das Abb. 17 Hotel »Vier Jahreszeiten« ausgeführt[80]. Mehrfach umgebaut und erweitert wurde der 1841 eröffnete »Bayerische Hof«[81]. Als freistehenden monumentalen Baukomplex errichtete 1908 Karl Abb. 18 Stöhr das »Regina Palast Hotel« Abb. 19 in München[82].

Eine wechselvolle Baugeschichte kennzeichnet das »Dom Hotel« in Köln. Das erste »Hotel du Dôme« wird 1857 eröffnet; nach Einsturz des Hauptgebäudes

80 *G. Hojer,* München – Maximilianstraße und Maximilianstil, in: Die deutsche Stadt im 19. Jahrhundert, S. 46; Im Inneren von der Firma Heilmann und Littmann 1902/03 umgebaut; Innenräume des Hotels »Vier Jahreszeiten«, in: Schweiz. Bauztg. 43, 1904, Nr. 6, S. 70–73.

81 Ztschr. f. praktische Baukunst 1, 1841, S. 219; 1898 umgebaut u. neue Fassade, Süddtsch. Bauztg. 1898, Nr. 11, S. 85.

82 *August Georges,* Regina-Palast-Hotel in München, in: Der Profanbau, Nr. 17, 1908, S. 205–211. Von K. Stöhr stammen auch die Pläne für das »Hotel Quellenhof« (1914/16) in Aachen.

Abb. 17 MÜNCHEN, Hotel Vier Jahreszeiten, 1856/57, Erdgeschoß nicht ursprünglich.

führen 1885/86 H. Siegert und G. Düssel den zweiten Bau »in den edelsten Formen des Renaissance-
Abb. 20 styls« aus[83], 1893 erfolgte der dritte Bau durch Kayser u. v. Großheim ebenfalls im Stil der Neorenaissance[84]. Kayser und v. Großheim fertigten auch die Pläne für das »Parkhotel« in Düsseldorf, erbaut 1900/02[85]. Als freistehender Monumentalbau ist schließlich noch das »Hotel Atlantic« in Hamburg zu erwähnen, 1909 von der Firma Boswau & Knauer, dessen Fassade nochmals deutlich Motive des historischen Palastbaues übernimmt[86].

83 Das Dom-Hotel Köln, Masch. 2 S., Köln 1977;
über den Bau v. 1885/86: Bau- u. Kunstgewerbeztg. f. d. dtsch. Reich 3, 1887/88, S. 108.

84 Wiener Bauindustrie-Ztg. 7, 1890, S. 301 u. 481.

85 Architektonische Rundschau 1903, H. 1, S. 7; Gesch. d. Park Hotels Düsseldorf, Masch. 4 S., Steigenberger Park Hotel Düsseldorf, o. J.

86 *G. Heyden*, Moderne Renaissancepaläste, in: Dtsch. Bauhütte, 14, 1910, S. 106 u. 108;
H. Nitsch, Hotel Atlantic Hamburg, in: Z. IHV, Nr. 5, 1929, S. 75–82.

Abb. 18 MÜNCHEN, Regina Palast Hotel, 1908.

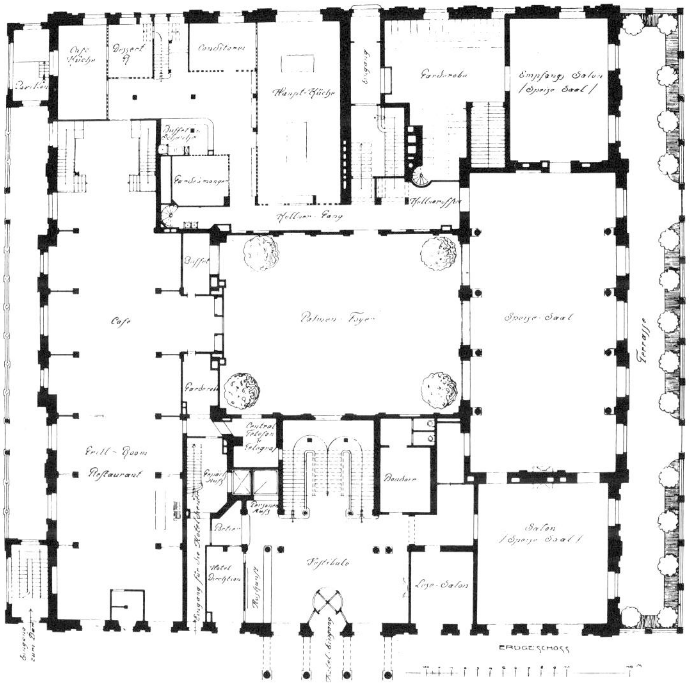

Abb. 19 MÜNCHEN, Regina Palast Hotel, Erdgeschoß-Grundriß.

Abb. 20 KÖLN, Dom Hotel, 3. Bau von 1893, nach Teilzerstörung vereinfacht wiederaufgebaut.

Wien

Etwa gleichzeitig mit der Errichtung des ersten Grandhotels in Berlin setzt in Wien aus Anlaß der geplanten Weltausstellung von 1873 eine rege Hotelbautätigkeit ein. Nach Plänen von Wilhelm Fraenkel wurde 1872 das »Hotel Austria« errichtet[87], mit Baukon-
Abb. 21 sens des gleichen Jahres das »Britannia«[88] und 1873 das »Metropole« von K. Schumann und

87 Schottenring 11, bereits 1874 Nutzungsänderung, 1945 abgebrochen.
Vgl. *K. Eggert,* Der Wohnbau der Wiener Ringstraße, S. 350.

88 Schillerplatz 4, 1874 Nutzungsänderung. Die Urheberschaft ist nicht eindeutig. Nach *Czeike,* Wien Lexikon, S. 656, hatten die Architekten Claus und Groß den Bau errichtet.
K. Eggert, Der Wohnbau der Wiener Ringstraße, S. 348, nennt Karl Tietz; nach: Ringstraße, Bd. I, Das Kunstwerk im Bild, S. 179, erheben Claus und Groß Anspruch auf das Bauwerk, auf Einflüsse von Karl Tietz wird hingewiesen; die Allg. Bauztg. 38, 1873, S. 175–176 nennt als Urheber Claus und Groß.

Abb. 21 WIEN, Hotel Britannia, Schillerplatz, 1872, Nutzungsänderung 1874

Abb. 22 WIEN, Hotel Imperial (ehem. Palais Württemberg, erb. 1865), seit 1873 Hotel, Treppenhaus.

Abb. 23 WIEN, Grand Hotel, 1861/65, Fassade zum Kärntnerring, Zustand vor 1911.

L. Tischler[89]. Bis auf das »Metropole«, das bis 1918 als Hotel bestand, wurden die Bauten noch im gleichen Jahrzehnt anderen Nutzungen zugeführt.

Umgekehrt sind ehemalige Wohnbauten zu Hotels umgewandelt worden. Im Palais des Herzogs Philipp von Württemberg, 1863/65 von Arnold Zenetti und Heinrich Adam am Kärtner Ring errichtet, wurde 1873 das »Hotel Imperial« installiert[90]. Von vornherein als fürstlicher Palast gebaut, bevorzugte insbesondere die Hocharistokratie dieses Hotel. *Abb. 22*

Ebenfalls aus einem 1861/65 von Karl Tietz erbautem Wohnhaus entstand das »Grand Hotel«; *Abb. 23* 1869/71 errichtete Tietz einen neuen Trakt. Schließlich wurde 1911/13 von den Architekten

89 Morzinplatz 4, Allg. Bauztg. 44, 1879, S. 91–92;
K. Eggert, Der Wohnbau der Wiener Ringstraße, S. 353–362.

90 *Otto Mayer,* Das »Imperial«. Ein Wiener Palasthotel, in: Alte und moderne Kunst, H. 7, 1958, S. 23 ff.;
Wiener Bauindustrie-Ztg. 8, 1891, S. 396;
K. Eggert, Der Wohnbau der Wiener Ringstraße, u. a. S. 168 ff.; 1928 Veränderung durch Aufstockung.

Baschkis und Bahr ein Neubau erstellt, der zusammen mit dem Alttrakt den heutigen nicht mehr als Hotel genutzten Bau bildet[91].

Nach den Plänen von Wilhelm Fraenkel entstand mit Baukonsens von 1876 das »Hotel Sacher«[92]. Als letztes erstrangiges Hotel eröffnete 1892 das »Bristol« in einem 1861 von Ludwig Förster entworfenen Wohnhaus, zu dem 1898 das benachbarte Palais Hoyos und zwei weitere Wohnhäuser hinzugenommen wurden[93]. Unter Einbeziehung weiterer Grundstücke errichteten die Architekten L. Fiedler und P. Palumbo 1913 das neue »Hotel Bristol«[94]. Im Gegensatz zu Berlin und Paris verzeichnet Wien in den beiden Jahrzehnten vor dem Ersten Weltkrieg keine nennenswerte Hotelbautätigkeit; der Schwerpunkt lag hier eindeutig in den 80er Jahren.

Paris

In Paris bewirkte bereits die Weltausstellung von 1855 die Errichtung des ersten großen
Abb. 26 Hotelbaus, des »Grand Hotel du Louvre« durch die Architekten
Armand, Hittorf, Rohault de Abb. 24
Fleury und Pellechet[95]. 1862 folgte das »Grand Hotel« am boulevard Abb. 25
des Capucines ebenfalls von Armand entworfen[96]. Mit je rund 700 Zimmern waren die beiden Hotels die größten Häuser der damaligen Zeit in Europa. Das dritte Großhotel, das »Grand Hotel Continental« von Blondel an der rue de Castiglione, eröffnete zur Weltausstellung von 1878[97].

Als bevorzugtes Ziel der Fremden erlebte Paris in der Folgezeit wie keine europäische Hauptstadt, London ausgenommen,

91 Allg. Bauztg. 36, 1871, S. 244–246; Wiener Bauindustrie-Ztg. 6, 1889, S. 126; *Czeike*, Wien Lexikon, S. 501; Z. IHV Nr. 11, 1907, S. 3.

92 *K. Eggert*, Der Wohnbau der Wiener Ringstraße, S. 363 f.

93 Umbau durch die Architekten Bressler und Wittrisch. Der Bautechniker 18, 1898, S. 459–460.

94 *Czeike*, Wien Lexikon, S. 416.

95 *E. Guyer*, Hotelwesen 1874; *Klasen*, Grundriß-Vorbilder 1884; *Pevsner*, Building types, S. 188.

96 Unterlagen des Archivs des »Grand Hotel«, Paris; Innengestaltung unter Mitwirkung v. Charles Garnier, insbesondere für den »Salon Opéra«.

97 Hdb. d. Architektur 1885, S. 215; *Pevsner*, Building types, S. 188.

Abb. 24 PARIS, Grand Hotel, 1862, Fassade zum bd. des Capucines.

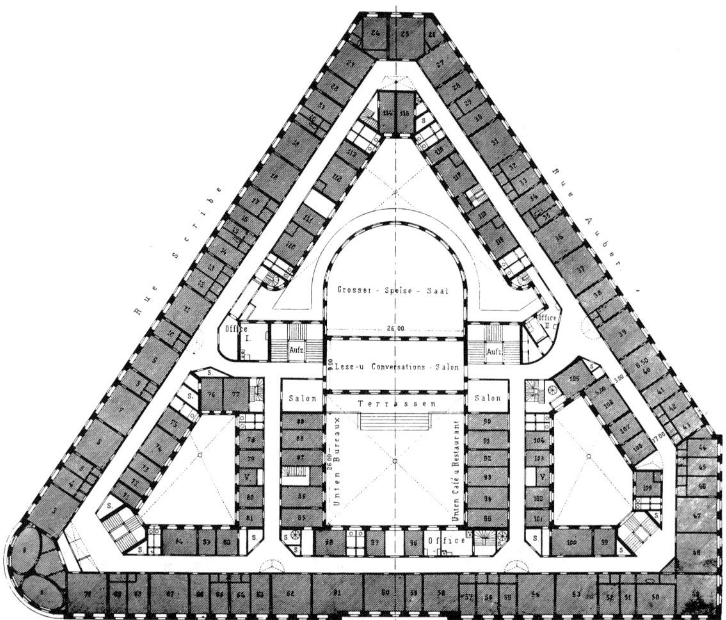

Abb. 25 PARIS, Grand Hotel, Grundriß 1. Obergeschoß.

einen Hotelbauboom, auf den hier nicht im einzelnen eingegangen werden kann. Es entstehen sowohl palastartige Neubauten wie das »Majestic« (1907)[98], an der avenue Kléber, oder das 1900 eröffnete »Elysée Palace«[99] und das »Astoria« (1907)[100] auf den Champs Elysées, die sich im Äußeren deutlich von der umgebenden Bebauung abheben, als auch luxuriöse Betriebe in historischen Adelspalästen, wie das »Ritz« (1898)[101] an der place Vendôme und das »Crillon« (1909) an der place de la Concorde.

Der Typus des Palasthotels prägt sich in den Weltstädten früher als in den Kurorten aus; im wesentlichen betrifft dies jedoch die Innenarchitektur. Das Äußere dagegen unterscheidet sich häufig nicht von vornehmen Mietshäusern, aufwendigen Verwaltungsbauten oder generell der umge-

98 Terrainankauf 1905, Z. IHV Nr. 38, 1905, S. 4.
99 Z. IHV Nr. 5, 1912, S. 7.
100 Z. IHV Nr. 42, 1907, S. 7.
101 Z. IHV Nr. 6, 1912, S. 12, Umbau und Erweiterung auf 180 Zimmer 1912.

Abb. 26 PARIS, Grand Hotel du Louvre, 1855, Fassade zur pl. du Théâtre-Français.

Abb. 27 WIEN, Wohnhaus Heinrichhof, 1861/63, Opernring, zerstört.

benden Bebauung. Die Fassade des »Grand Hotel du Louvre« in Paris wurde dem vorgeschriebenen Baustil der rue de Rivoli angepaßt. Ebensowenig heben sich die Baukörper des »Grand Hotel« und des »Continental« in Paris von den Nachbarhäusern ab.

Ähnliches kann auch für Berlin und Wien gelten, wobei in beiden Städten die Außenarchitektur der großen Hotelbauten an Dimensionen und Formenreichtum häufig von großangelegten Mietshäusern übertroffen wird, wie in Wien u. a. von dem 1861–63 von Teophil
Abb. 27 Hansen erbautem »Heinrichhof«.

Architektonische Charakteristika des Hotelbaus, wie die annähernd gleiche Wertung aller Stockwerke oder das durchgängige Balkonmotiv, lassen sich nur bedingt feststellen. Aufwendige Dachkuppeln, pavillonartige Risalite, Türme oder Terrassenvorbauten, wie sie die Hotelpaläste der Kurorte aufweisen, sind ebenso selten, wie eine ringsum freie Lage oder gar ein eigener Park.

Als Beispiele dieses Typus können das »Hotel Grosvenor« und das »Hotel Cecil« in London gelten. Eine Sonderstellung in dieser Beziehung nehmen auch das
»Atlantic« in Hamburg, der *Abb. 28*

Abb. 28 HAMBURG, Hotel Atlantic, 1909.

»Frankfurter Hof« in Frankfurt, das »Regina Palast Hotel« in München, der »Kaiserhof« und das »Esplanade« in Berlin ein. Meist sind die Hotels der Großstädte in die Straßenfronten eingebunden, soweit sie nicht außerhalb der Hauptgeschäftszentren liegen oder durch ihre Größe einen selbständigen, von Straßen umgebenen Baukomplex bilden, wodurch eine gewisse architektonische Dominanzfunktion erreicht werden kann.

Kurorte

Alle im Folgenden genannten, vom Fremdenverkehr bestimmten Orte lassen sich nach der Klassifizierung des Lexikons der Bade-, Brunnen- und Luftkurorte[102] unter dem Sammelbegriff »Kurort« subsumieren, auch wenn sie keine der Heilung dienenden speziellen

102 Illustriertes Lexikon der Bade-, Brunnen- und Luftkurorte … von Mittel-Europa, hrsg. v. Allgemeinen Verkehrsbureau für Kurorte, Sanatorien, Sommerfrischen sowie für den gesamten internationalen Reise- und Fremdenverkehr, Wien, Berlin, Zürich, 14. Aufl. o. J. (um 1910).

Einrichtungen besitzen wie etwa Luzern, das in der Abteilung »Klimatische Kurorte und Erholungsstationen« geführt wird. Auf eine differenzierende Bezeichnung, die sich auf das Vorhandensein bestimmter Quellen, klimatischer Bedingungen oder die Anwendung spezieller Heilmethoden bezieht, kann unter dem hier zu behandelnden Aspekt verzichtet werden. Lediglich die Seebäder sind auf Grund ihrer besonderen topographischen Gegebenheiten gesondert behandelt.

Schweiz

Viele der um die Jahrhundertmitte und in der Folgezeit bis etwa in das letzte Jahrzehnt des 19. Jahrhunderts errichteten Hotelbauten unterlagen Umbau- und Erweiterungsmaßnahmen. Zum einen versuchte man durch Vergrößerung dem zunehmenden Fremdenverkehr gerecht zu werden, zum anderen mußten sich die erstklassigen Hotels, um ihren Rang behaupten zu können, den Neuerungen anpassen.

Um mit den neuen Hotelpalästen konkurrieren zu können, versah man ältere Bauten mit aufwendigen Fassaden, die häufig die Erweiterung mit einbezogen, neuen Saalgruppen und dem Zeitgeschmack entsprechenden Dachaufbauten.

Der schon zitierte »Schweizerhof« in Luzern von 1846 wurde mehrfach erweitert, die Fassade verändert und das Dachgeschoß mit einer Kuppel versehen[103]. Das »Grand Hotel du Lac« in Luzern begann 1868 mit 50 Betten den Hotelbetrieb, steigerte sich 1874 durch einen Neubau auf 150 Betten, erweiterte 1893 abermals und erhielt 1897 seine endgültige Größe und Gestalt mit repräsentativer Fassade und einer voluminösen Kuppel[104]. Mehrere Umbauten und Vergrößerungen erfuhren das »Grand Hotel Kronenhof Bellavista« (1850) in Pontresina[105], das »Kurhaus & des Bains« (1866)

Abb. 29
Abb. 30

103 Vgl. *Beat Wyss,* Wandlungen des Tourismus in Luzern, in: Unsere Kunstdenkmäler, 1978, S. 439; *R. Ottiger,* Luzerner Hotelbauten, S. 44 f.
104 Z. IHV Nr. 36, 1925, S. 1025.
105 1850 Ostflügel, um 1880 Südflügel, 1898 Westflügel und Umbau durch N. Hartmann. Frdl. Mitteilung v. Frau R.-A. Gredig, Hotel Kronenhof Bellavista, Pontresina.

Abb. 29 LUZERN, Hotel Schweizerhof, 1846, Zustand nach den Umbauten von 1885/86.

Abb. 30 LUZERN, Grand Hotel du Lac, Zustand nach der Erneuerung von 1897.

Abb. 31 LAUSANNE-OUCHY, Beau Rivage Palace Hotel, Erweiterungsgebäude und Saalbau, 1908, rechts Hauptgebäude von 1861.

Abb. 32 LUZERN, Grand Hotel National, links Hauptgebäude von 1871, rechts Annex von 1900.

in St. Moritz[106] und der »Waldstätterhof« (1869/70) in Brunnen[107]. Erweiterungen, die die Ausmaße eigenständiger Hotelgebäude hatten, legten sich das »Grand Hotel Belvedere« in Davos (1875)[108], das »Engadiner Kulm« in St. Moritz
Abb. 31 (1855)[109] und das »Beau Rivage Palace« (1858/61) in Lausanne-Ouchy zu, das 1906/08 ein zweites palastartiges Gebäude nach Plänen von Louis Bezencenet erhielt[110].

Von wenigen Ausnahmen abgesehen ist die Tendenz zur Vergrößerung älterer Hotelbauten bis um die Jahrhundertwende allgemein in den europäischen Fremdenverkehrsorten festzustellen. Selbst das großartige »Grand
Abb. 32 Hotel National«, eines der ersten
Abb. 33 Palasthotels, erhält 30 Jahre nach Fertigstellung einen Annexbau. Der 1871 eröffnete, von A. Pfyffer errichtete Hauptbau wurde als querrechteckiger axialsymmetrischer Baukörper mit kuppelüberwölbtem Mittelrisalit und zwei Seitenrisaliten sowie einem steilen Mansarddach Vorbild eines weit verbreiteten Hoteltypus, der sich an französischen Schloßbauten des 17./18. Jahrhunderts orientiert. Die steile Dachzone des »National« harmonisiert mit den Proportionen des Gesamtbaues und besitzt noch nicht die etwas drückend wirkenden überdimensionierten Aufbauten späterer

106 Erb. 1861–66; 1909–10 völlig umgestaltet. *Bruno Weber,* Alte Kurhäuser in Graubünden, in: Unsere Kunstdenkmäler, 1978, S. 498.

107 *F. Wiget,* Der »Waldstätterhof« in Brunnen (Schwyz 1975).

108 *H. Nitsch,* Grand Hotel & Belvedere, Davos, Schweiz, in: Z. IHV Nr. 44, 1929, S. 853–857.

109 1855 in einem bestehenden Gebäude eröffnet. Mehrfach umgebaut, große Erweiterungen 1905 und 1911. Z. IHV Nr. 37, 1905, S. 5, u. Nr. 17, 1911, S. 8.

110 Beau-Rivage Palace, 1861–1961 (Lausanne 1961); Anbau 1908 eröffnet. Z. IHV Nr. 29, 1908.

Abb. 33 LUZERN, Grand Hotel National, Zustand 1980

Beispiele. 1900 fügte Emil Vogt einen stilistisch angeglichenen Annex hinzu[111]. War das »National« gewissermaßen wegweisend hinsichtlich der palastartigen Formgebung, so dürfte das
Abb. 34 »Maloja Palace« in Maloja/Engadin von 1882/84 als erster monumentaler Hotelbau der Schweiz gelten. Zur Zeit der Fertigstellung soll das »Maloja Palace« neben dem Eidgenössischen Polytechnikum in Zürich das größte profane Gebäude der Schweiz gewesen sein[112]. Sicher gab es kein Gebäude dieser Dimension in einer fast unbesiedelten Gebirgslandschaft. In dem Spannungsverhältnis zur Natur erhält der Bau, wie auch spätere Palasthotels in freier Gebirgslage, etwas »Irreales«, gesteigert durch die streng axialsymmetrische Ausrichtung der monumentalen Dreiflügel-
Abb. 35 anlage in italienischer Neorenaissance. Hinsichtlich des Ziels, Maloja zu einem Luxuskurort zu machen, kann das Unternehmen als Fehlplanung gelten. Der Bauherr des Hotels, Camille Comte de Renesse, hatte die Absicht, in dem unerschlossenen Alpental »einen Kurort für die Aristokratie zu schaffen, wo dieselbe ganz für sich die Schönheit des Hochgebirges genießen konnte«[113].

Neben dem luxuriös ausgestatteten »Maloja Palace« ließ Renesse verschiedene Chalets, eine englische und eine katholische Kirche sowie als eigene Residenz das Schloß Belvedere erbauen. Das gigantische Unternehmen ging bereits 1885 in Konkurs[114]. Die Entwicklung zum feudalen Kurort endete – im Gegensatz zu manch anderen Alpendörfern des Engadins. Nen-

111 Vgl. *A. Reinle,* Kunstgeschichte, 4. Bd., S. 114 f., Hdb. d. Architektur 1904, S. 343;
B. Wyss, in: Unsere Kunstdenkmäler, 1978, S. 435;
A. Knoepfli, in: Historismus und Schloßbau, S. 171; Annex i. Juli 1900 eröffnet, Z. IHV Nr. 28, 1900.

112 Nach Angaben des Architekten Alexander Kuoni aus Chur. Gesch. d. »Maloja Palace«, frdl. Mitteilung der Kurverwaltung Maloja; nach: Kunstführer Schweiz, Bd. 1, S. 258, stammen die Pläne von dem Brüsseler Architekten Jules Rau; wie weit Alexander Kuoni planend tätig war, läßt sich nicht feststellen, zumindet die Bauleitung lag in seinen Händen. Vgl. Schweiz. Bauztg. 12, 1888, Nr. 26, S. 167.

113 Gesch. d. »Maloja Palace Hotel«, Masch. 3 S., Kurverwaltung Maloja, o. J.

114 Am 8. August wurde vom Kreisgericht Bergell der Konkurs ausgesprochen, ebd. S. 2.

Abb. 34 MALOJA, Maloja Palace Hotel, 1882/84, Zustand 1911, Kuppel später abgetragen, Fassaden 1981 in Renovation.

Abb. 35 MALOJA, Maloja Palace Hotel, Fassade zum See.

nenswerte Hotelbauten entstanden nicht mehr[115].

Das Baukonzept des »National« in Luzern wird u. a. wieder aufgenommen von Louis Maillard für Abb. 36 das »Grand Hotel« in Caux (1890/93)[116], jedoch ohne die aufwendige Fassadengestaltung. Im Vergleich zum »National« sind die Seitenrisalite zu Pavillons verselbständigt, die Dachaufbauten steiler und höher, über den Seitenrisaliten als Mansardkuppeln, über dem Mittelrisalit als kurvierte Kuppel. Die aufwendige plastische Dachgestaltung im Stil französischer Schlösser des 17./18. Jahrhunderts wird in den folgenden zwei Jahrzehnten zu einem Charakteristikum des palastartigen Hotelbaus.

Abb. 36 CAUX, Grand Hotel (später Regina), 1893.

Motive des Burgenbaues dagegen zeigt das von Chiodera und Tschudy geplante »Palace Hotel« Abb. 37 (1892/97)[117] in St. Moritz, mit Zinnenbekrönung, Echauguetten und Abb. 38 einem fast 70 Meter hohen Turm. Einzelne stilistische Architekturelemente und ein massiver, trutzig wirkender Unterbau lassen auch das »Schloß Hotel Enderlin« in Abb. 39 Pontresina (1911)[118] von Karl Koller und m. E. das »Kurhaus Castell« (1913)[119] in Zouz dieser Gruppe zuordnen.

Hotelgroßbauten, die Strukturelemente des Burgenbaus übernehmen, sind relativ selten. In der Adaption von Attributen des Burgenbaus wird das »Palace« St. Moritz von dem »Palace« in Caux übertroffen, das zudem im Gesamteindruck wesentlich groß-

115 Das »Maloja Palace« konnte als Luxushotel bis 1953 bestehen. Heute wird es als Erholungsheim genutzt.

116 *Gilles Barbey, Jaques Gubler,* La »Cité de Villas« Dubochet à Clarens, in: Unsere Kunstdenkmäler, 1978, S. 396.

117 Architektonische Rundschau 1897, H. 4, Tafel 32 m. Text; Z. IHV Nr. 16, 1926, S. 381.

118 Frdl. Mitteilung von Frau R.-A. Gredig, Hotel Kronenhof Bellavista, Pontresina.

119 Z. IHV Nr. 33, 1913, S. 11.

Abb. 37 ST. MORITZ, Palace Hotel, 1892/97, ursprünglicher Zustand.

Abb. 38 ST. MORITZ, Palace Hotel, Bergseite, Zustand nach den Umbaumaßnahmen.

Abb. 39 PONTRESINA, Schloß Hotel Enderlin, 1911.

zügiger und eleganter wirkt. Im
Abb. 40 »Palace« in Caux, von architektur-
Abb. 41 geschichtlicher Seite bisher übergangen, findet der Hotelbau des Historismus einen Höhepunkt.

In dem von Eugène Jost geplanten und 1900 bis 1902 ausgeführten Monumentalbau manifestiert sich die Idee des feudalen, schloßartigen Refugiums in einzigartiger Weise, unterstrichen durch die isolierte Höhenlage über dem Genfer See[120]. Bei aller stilistischen Übernahme historischer Architekturelemente, wie Türme, Maschikulikränze, Echauguetten etc. wird eines in der architektonischen Gestalt ganz deutlich: die Funktion als Hotel. Das »Palace« in Caux gibt sich nicht wie u. a. das »Palace« in St. Moritz oder das »Hotel Château Gütsch«[121] bei Luzern als Historismus-Schloß. Es ähnelt im Gegensatz zu manchen Großstadthotels auch nicht aufwendigen Verwaltungsbauten oder Mietshäusern; eindeutig erscheint es als Hotel. Die regelmäßige Durchfensterung, die annähernd gleiche architektonische Wertung der Geschosse, das durchgängige Balkonmotiv und die am Außenbau kenntlich werdenden Repräsentationsräume und Säle zeigen unverkennbar die Bestimmung; eine Verwechslung auch mit großen Schloßbauten ist lediglich aus der Ferne gegeben, sicher auch beabsichtigt.

120 Frdl. Mitteilung des Konferenzsekretariats »Mountain House«, Caux. Das »Caux Palace« sollte nach dem Zweiten Weltkrieg abgebrochen werden. Durch die Initiative einer Gruppe Schweizer Bürger konnte es durch Ankauf gerettet werden. Es nennt sich seitdem »Mountain House« und ist Sitz des Centre de Conférences du Réarmement Moral.

121 1888 erbaut, 1900 Restaurationsanbauten von Emil Vogt. Siehe *B. Wyss,* Wandlungen des Tourismus in Luzern, in: Unsere Kunstdenkmäler, 1978, S. 442 f.;
Jürg Ganz, in: Historismus und Schloßbau, S. 184.

Abb. 40 u. 41 CAUX, Palace Hotel, 1900/02, Nutzungsänderung nach 1945, oben: Zustand 1978, unten: Haupttrakt, Zustand 1910.

Abb. 42 LAUSANNE-OUCHY, Hotel Royal Savoy, Gebäudetrakt Royal, 1909.

Zitatweise finden sich Attribute des Burgenbaus u. a. noch am *Abb. 42* »Hotel Royal« (»Royal Savoy«) in Lausanne (1907/09)[122] als Echauguetten die Seiten des Mittelrisalits flankierend. Ähnliche Echauguetten betonen pittoresk den turmartigen Trakt des 1913 eröffneten *Abb. 43* »Palace Hotel« in Gstaad. Beide Bauten basieren auf Entwürfen von A. van Dorsser[123].

Eugène Jost, der Architekt des großartigen »Palace« in Caux schuf 1906 mit dem *Abb. 44* »Montreux Palace« eines der imposantesten Beispiele des axialsymmetrischen Typus mit überkuppelten Eck- und Mittelpavillons. Bemerkenswert ist die konsequente Dachzonengestaltung des »Montreux Palace«; nicht nur die Risalite besitzen kurvierte Kuppeln, auch die sie verbindenden Gebäudeflügel sind mit einem kurvierten

122 Ehemals zwei separate Gebäude »Royal« u. »Savoy«. Das 1911 erb. »Savoy« wird seit 1943 als Teil der Hochschule genutzt. Das verbliebene Gebäude nennt sich seitdem »Royal Savoy«. Frdl. Mitteilung von Frau M. Bürkli Haeberli, Rolle.

123 Das »Palace« entstand unter Mitwirkung des Architekten Bonjour; Facture pour Messieurs van Dorsser & Bonjour, 1913; frdl. z. Verfügung gestellt vom Eigentümer des »Palace«, Gstaad, Familie Scherz.

Abb. 43 GSTAAD, Palace Hotel (Royal Hotel & Winter Palace), 1913.

Abb. 44 MONTREUX, Montreux Palace Hotel, 1906, Haupttrakt.

tonnenartigen Dachaufbau versehen. Die voluminöse Dachzone bildet jedoch zusammen mit dem breitgelagerten sechsgeschossigen und 23 Achsen zählenden Baukörper, dessen Fassade stark durchgegliedert und dekoriert ist, ein in Proportionen und Plastizität der Formen einheitliches Gesamtbild – das Bild eines Hotelpalastes der Jahrhundertwende par excellence.

In der Konzeption dem »Montreux Palace« ähnlich, mit drei überkuppelten Risaliten, aber weniger aufwendig, sind in Montreux das »Grand Hotel Eden«, das »Suisse & Majestic« und das »Grand Hotel de l'Europe«, in Vevey das »Grand Hotel de Vevey & Palace« sowie oberhalb von Vevey auf dem Mont-Pèlerin das »Pèlerin Palace Hotel« und das »Grand Hotel« in Territet. Letzteres wurde bereits 1887[124] unter Mitwirkung von Eugène Jost erstellt. In direktem baulichen Zusammenhang mit dem »Hotel des Alpes« von 1854[125] war es eines der größten und aufwendigsten Hotels am Genfer See[126].

Dieser Typus, der mit dem »National« in Luzern seinen Anfang genommen hatte, im »Montreux Palace« eine reife Ausprägung erfuhr, fand schließlich in dem im Jahre 1905 eröffneten, von R. Koller geplanten »Grand Hotel« in St. Moritz eine Steigerung ins Monströse, die nicht mehr überboten wurde[127]. Über einem mächtigen viergeschossigen Sockel erhob sich der fünfgeschossige Bau, lediglich in einen Mittelrisalit und zwei Seitenrisalite gegliedert, ohne jegliche Fassadenornamentik. Den Dimensionen des Gesamtbaues angepaßt, schloß ein steiles Mansarddach über den Risaliten als kurvierte bzw. Mansardkuppel ausgebildet, den monumentalen Bau ab. *Abb. 45*

Im Kontrast hierzu steht das zeitgleiche »Palace Hotel« in Luzern (1904/06) von Heinrich *Abb. 46*

124 *G. Bettex*, Montreux et ses environs, Montreux 1897, S. 102.
125 Erweitert 1863.
126 Frdl. Mitteilung über das »Grand Hotel & des Alpes« in Territet von Herrn Gilles Barbey, Lausanne, Mitautor des »Inventar der neueren Schweizer Architektur 1850–1920« (INSA). Erscheint in 7 Bänden ab 1981.
127 Am 14. 12. 1905 eröffnet. Z. IHV Nr. 43, S. 2, und Nr. 50, 1905, S. 5; Schweiz. Bauztg. 47, 1906, S. 204; das Hotel ist am 30. 4. 1944 abgebrannt.

Meili[128], das im Erfindungsreichtum der Formen und in der Formenhäufung die Spätphase des Palasthotels historistischen Stils repräsentiert. Stilistisch zeigt der Bau neobarocke Dekorationsmotive, vermischt mit Jugendstilanklängen, die in der plastischen Gestaltung des Mittelrisalits und der stark kurvierten Kuppel ihren

128 Vgl. *A. Reinle*, Kunstgeschichte, 4. Bd., S. 115.

Abb. 45 ST. MORITZ, Grand Hotel, 1905, 1944 abgebrannt.

Abb. 46 LUZERN, Palace Hotel, 1904/06, Zustand 1976.

Abb. 47 LUGANO, Grand Hotel Palace, ab 1890 mehrfach umgebaut, Gebäude 1981 in Renovation.

Höhepunkt finden. Abweichend zu den vorhergehenden Beispielen werden hier eine Schmalseite und die zum See gelegene Langseite zu einer repräsentativen Hauptschauseite zusammengefaßt. Den Übergang vermittelt ein reich ornamentierter Eckturm.

Verglichen mit dem »Palace Hotel« in Luzern wirkt das von Emil Vogt geplante, 1905 eröffnete »Grand Hotel« in Brunnen[129] nüchtern. Statt kuppelartiger Dachaufbauten besitzt der querrechteckige, leicht kurvierte und wenig ornamentierte Baukörper ein Flachdach, das weder durch Blendgiebel oder eine Attika verdeckt wird. Orientiert an traditionellen italienischen Bauformen halten insbesondere im Tessin einige der großen Hotelbauten an flachen Dachzonen fest, darunter das bereits 1874/76 entstandene »Grand Hotel«[130] in Locarno und das mehrfach umgebaute »Grand Hotel Palace«[131] in Lugano. *Abb. 47*

Architektonische Sachlichkeit zeigen die beiden noch kurz vor dem Ersten Weltkrieg in St. Moritz errichteten Hotels, das

129 Frdl. Mitteilung des ehemaligen Besitzers, Herrn Armin Wyssmann, Brunnen/Arosa. Als Erholungsheim genutzt, Fassaden kaum verändert.

130 Unterlagen frdl. z. Verfügung gestellt v. Grand Hotel, Locarno.

131 In einem ehemaligen Konventsgebäude installiert.

Abb. 48 ST. MORITZ, Hotel Suvretta House, 1911/12.

Abb. 48 »Suvretta House« (1911/12)[132] von Abb. 49 Karl Koller und das »Carlton Hotel« (1912/13)[133] von Valentin Koch. Beide Bauten versuchen durch gestaffelte und weit nach unten gezogene Walmdächer den monumentalen Formen das »Kastenförmige« zu nehmen, wobei das »Suvretta House« architektonisch wesentlich besser proportioniert und gegliedert wirkt. Zugleich wird die Schwierigkeit deutlich, ein Gebäude mit ca. 250 Zimmern und zahlreichen Sälen nach gestalterischen Gesichtspunkten, die im weitesten Sinne dem Landhaus-/Villenbau entlehnt sind, zu planen. Beide Bauten können auch als Grenzfälle des hier zu untersuchenden Hoteltypus gelten. Ist der schloßartige Effekt an der fast 100 Meter langen, axialsymmetrischen Fassade des »Suvretta« durch die beiden den Mittelrisalit flankierenden Türme und den Giebelaufbau noch intendiert, so sind am Außenbau des »Carlton« keinerlei Reminiszenzen schloßartiger Vorbilder mehr zu erkennen.

Eine von den bisherigen Beispielen abweichende Stilrichtung, vage als »Holzbaustil« oder »Chaletstil« zu bezeichnen, repräsentiert hervorragend das »Grand Hotel Dolder« (1897/99) von Jacques Gros[134] in Zürich. Abb. 50 Dieser Stil war zwar für Hotel- und Pensionsbauten in der Schweiz weit verbreitet, dürfte jedoch für einen Hotelbau mit den Dimensionen des »Dolder« einmalig sein, vor allem in diesem extremen Formenaufwand.

Das auf den ersten Blick malerische Konzept mit spitzen Türmen, Erkertürmchen, Verdachungen, Vor- und Rücksprüngen, ausgeführt in Fachwerk, Holz, Bruch- und Ziegelstein, erschließt sich frontal gesehen als streng symmetrische Zweiflügelanlage mit turmartigem Mittelrisalit. In einem großen Park gelegen

132 15.12.1912 eröffnet;
Z. IHV Nr. 1, 1913, S. 14;
S. Guyer, Das Suvrettahaus bei St. Moritz, in Schweiz. Bauztg. 69, 1917, S. 71–74 und S. 85–87, S. 94–98.

133 Geschichtliche Daten, Carlton Hotel, St. Moritz, Masch. 1978;
Kunstführer Schweiz, Bd. 1, 1971, S. 260, nennt als Architekten Koch und Seiler.

134 *D. Nievergelt*, Zeugnis des Gründer- und Pioniergeistes, in: Unsere Kunstdenkmäler, 1978, S. 448–450; Das Grand Hotel Dolder in Zürich, in: Schweizerische Bauzeitung 33, 1889, Nr. 19, S. 173–174;
A. Reinle, Kunstgeschichte, 4. Bd., S. 115.

bildete das »Grand Hotel Dolder« zusammen mit dem kleineren, ebenfalls von Jacques Gros geplanten »Waldhotel Dolder« (1895)[135] einen abgeschlossenen Komplex. Auch hier manifestierte sich wieder die Idee des luxuriösen Hotelbaus jener Zeit: exklusive Abgeschlossenheit in landschaftlich ausgezeichneter Lage, verbunden mit allem Komfort, einschließlich der Möglichkeit, das Stadtzentrum in kürzester Zeit

135 1971 abgebrochen.

Abb. 49 ST. MORITZ, Hotel Carlton, 1912/13.

Abb. 50 ZÜRICH, Grand Hotel Dolder, 1897/99.

durch hoteleigene Straßenbahn oder Drahtseilbahn zu erreichen.

Von 1894 bis 1912 ließ der Bauboom die Zahl der Hotels in der Schweiz um mehr als das Doppelte steigen, von 1693 auf 3585 Betriebe[136]. Der Ausbruch des Ersten Weltkrieges und die sich in einigen Ländern anschließenden politischen und sozialen Umwälzungen hatten sowohl das Ausbleiben der ausländischen Gäste – ihr Anteil betrug beispielsweise 1910 80 Prozent – als auch eine Änderung in der gesellschaftlichen Zusammensetzung des Publikums zur Folge. Die Schweizer Hotellerie geriet vorübergehend in eine tiefgreifende Krise[137]. Die Zeit des palastartigen Hotelbaus war beendet.

Frankreich

Die Kurorte Frankreichs lassen sich nach ihren topographischen Gegebenheiten in die am Meer gelegenen Seebäder und die Kurorte mit Thermal-, Mineralquellen oder heilklimatischen Faktoren unterscheiden. Die Kurorte im Landesinnern können zwar teilweise auf eine längere Tradition zurückblicken[138] als die Badeorte am Meer. Ihren wesentlichen Aufschwung nahmen beide Gruppen jedoch erst in der zweiten Hälfte des 19. Jahrhunderts, wobei unter den Seebädern einige erst zu Beginn des 20. Jahrhunderts größere Bedeutung erhielten oder berühmt wurden, etwa Deauville. Die Zeit des palastartigen Hotelbaus liegt auch in Frankreich zwischen dem letzten Jahrzehnt des 19. Jahrhunderts und dem Ersten Weltkrieg.

Seebäder

Einen Höhepunkt erreichte die Hotelbautätigkeit an der Côte d'Azur. Als Hauptzentrum des Wintertourismus – der Sommertourismus setzte erst im zweiten Jahrzehnt dieses Jahrhunderts ein[139] – entwickelten sich Monte Carlo, Nizza, Menton und Cannes zu regelrechten Hotelstädten. Keine andere Region Europas wies eine derartige Konzentration großartiger Hotelarchitektur auf.

Fast ausschließlich palastähnliche Hotelbauten erhoben sich

136 *B. Maeder,* Strukturwandlungen, S. 17.
137 Ebd. S. 17.
138 U. a. Aix-les Bains, Le Mont-Dore, Vichy.

oberhalb von Nizza, auf den Hügeln von Cimiez. Den Beginn dieser wohl glanzvollsten Entfaltung des Hotelbaus an der Riviera markiert um 1890 das »Grand Hotel de Cimiez« am oberen Ende des boulevard de Cimiez. Wenig *Abb. 51* später folgte das »Riviera Palace Hotel« (1892)[139], dessen Fassaden noch relativ schlicht wirken. Die Hinwendung zu gesteigerter Dimension kündigt sich allerdings an der 23 Fensterachsen zählenden Hauptfront an. Nur fünf Jahre später erreichten dekorativer Aufwand und Formenvielfalt in dem von Sébastien-Marcel Bia- *Abb. 52* sini entworfenen »Grand Hotel *Abb. 53* Excelsior Regina« (1895/97)[140] einen glänzenden Höhepunkt. Der Anspruch fürstliche Residenz zu sein, wurde durch die Anwesenheit Königin Victorias bei der Eröffnung werbewirksam unterstrichen. »Inauguré par S.M. la Reine d'Angleterre« zierte in großen Lettern noch zehn Jahre später die Anzeigen des Hotelunternehmens. Noch heute bildet eine überdimensionierte Krone den Kuppelabschluß des Turmes mit den Hofappartements. In der reich dekorierten und plastisch gegliederten über 150 m langen Prunkfassade sind Gestaltungselemente vereint, die in der Folgezeit charakteristisch für den Hotelbau an der Riviera werden. Das »Excelsior Regina« war mit ca. 400 Zimmern neben dem »Grand Hotel« in der avenue Félix-Faure das größte Hotel Nizzas. Seine Monumentalfassade überragte nicht nur alle nachfolgenden Hotels in Cimiez sondern auch die gesamte Stadt.

Trotz der vorhandenen Konkurrenz entstanden am boulevard de Cimiez weitere Hotelpaläste: 1900 das »Winter Palace« von *Abb. 54* Charles Delmas[141] und 1901 das »Alhambra Palace«[142]. Letzteres versuchte, wie der Name schon vermuten läßt, mit maurischen Formen zu imponieren. Mit traditionellen Stilmitteln war der ostentative Prunk der Konkurrenz wohl kaum mehr zu überbieten. Zwei hohe, minarettartige Türme

139 *Robert Latouche,* Histoire de Nice, Tome II, 1860–1914, Nice 1954, S. 150.

140 Monuments historiques 1, 1978, S. 82; Z. IHV Nr. 51, 1896. R. Latouche, s. Anm. 139, S. 150. Innen teilweise umgebaut, außen Originalzustand. Nutzung als Wohnhaus.

141 Monuments historiques 1, 1978, S. 82.

142 Z. IHV Nr. 28, 1900; Eröffnung für 1901 vorgesehen.

Abb. 51 NIZZA, Riviera Palace Hotel, 1892.

Abb. 52 NIZZA, Grand Hotel Excelsior Regina, 1895/97.

wurden dann auch zum unübersehbaren Merkmal des »Alhambra Palace«; die übrige Architektur geriet weniger exotisch. Gemessen an der Signalwirkung der Minarette und den pompösen Konkurrenzbauten nimmt sie sich eher schlicht und konventionell aus.

In die Konzeption der Hotelpaläste in Cimiez war das Parkgelände untrennbar einbezogen. Immer zur Hauptfassade orientiert, kam auch dem Park hoher Repräsentationswert zu. Dementsprechend effektvoll wurde er gestaltet. Gleichzeitig steigerte er Architektur und Nimbus des Hauses und hielt die Nachbarbebauung auf Distanz. Der Abstand zum Nachbargrundstück war ein nicht zu unterschätzender Faktor. Das »Grand Hotel de Cimiez« etwa büßte durch den Bau des »Excelsior Regina« nicht nur seine Stellung als architektonische Dominante ein. Statt auf Bucht und Meer fiel der Blick nun vom zu klein bemessenen Park auf die kaum gestaltete monumentale Rückseite des »Excelsior Regina«. Nach Süden dagegen schließt die Schauseite den boulevard de Cimiez eindrucksvoll ab. Seinen

Abb. 53 NIZZA, Grand Hotel Excelsior Regina, Mittelrisalit, Zustand 1980, Nutzung als Wohnhaus.

Beginn in der Stadt akzentuiert imposant das luxuriöse »Majestic Palace Hotel« (1906/08)[143] von Jules Febvre. Am Fuß des Hanges gelegen folgt es dem Konzept *Abb. 55*

143 Z. IHV Nr. 21, 1907, S. 3 u. Nr. 5, 1908, S. 3. In der Halle Inschrifttafel mit Namen des Architekten.

Abb. 54 NIZZA, Winter Palace Hotel, 1900, Zustand 1910.

Abb. 55 NIZZA, Majestic Palace Hotel, 1906/08.

Abb. 56 NIZZA, Hotel Hermitage, 1907.

Abb. 57 NIZZA, Grand Hotel du Parc Impérial, 1900/01, Nutzungsänderung zu Beginn der 20er Jahre.

einer einhüftigen Anlage. Bei 400 Gastzimmern und zahlreichen Nebenräumen führte dies zu gewaltiger Längenausdehnung und beträchtlicher Höhenentwicklung, zudem auch die weitläufige Saalfolge keine separate Anordnung fand. Den Abschluß dieser Folge aufwendiger Hotelbauten setzte Charles Delmas 1907 mit dem
Abb. 56 »Hotel Hermitage«[144].

Ebenfalls oberhalb der Stadt, aber abseits von Cimiez, entstand 1900/01 das prunkvolle »Grand
Abb. 57 Hotel du Parc Impérial«[145], ein querrechteckiger, axialsymmetrischer Bau mit einem kuppelbekrönten Mittelpavillon, der in den beiden ebenfalls überkuppelten Eckpavillons seine Entsprechung fand. Die Festsaalgruppe war in einem separaten, orientalisch inspirierten Kuppelbau untergebracht.

Nachdem Nizza nicht mehr ausschließlich als Winter-Aufenthaltsort besucht wurde, verlagerte sich die Bautätigkeit in die Nähe des Meeres, in erster Linie an die Promenade des Anglais. Die Uferpromenade wurde zum bevorzugten Standort; der allseitig freistehende Hotelpalast ließ sich kaum mehr verwirklichen.

Bereits vor Entdeckung des Sommertourismus eröffnete 1912
an der Promenade das »Hotel *Abb. 58*
Negresco«[146]. Die Pläne stammten von E. Niermans, der durch den Umbau des »Hotel de Paris« in Monte Carlo bekannt wurde und gleichzeitig mit dem »Negresco« das damals aufwendigste Hotelprojekt Spaniens, das »Palace« in Madrid[147], plante. Das »Negresco«

144 Eröffnet 1907;
Baedeker, Sud-Est de la France, 1910, S. 448;
Monuments historiques 1, 1978, S. 82, als Eröffnungsjahr irrtümlich 1920.
Sowohl »Hermitage« als auch »Regina Excelsior«, »Winter Palace«, »Riviera Palace« und »Alhambra Palace« haben ihr Äußeres und die teils beträchtlichen Parkanlagen erhalten. Nicht zuletzt ist dies dem Umstand zu verdanken, daß die Gebäude nach dem Krieg bereits in Eigentumswohnungen umgewandelt wurden und so der Spekulation im beliebten Wohngebiet Cimiez entzogen waren.

145 Z. IHV Nr. 28, 1900, Eröffnung für 1901 vorgesehen;
Baedeker, Riviera 1902, S. 140.
Ende der 20er Jahre wurden sämtliche Dachaufbauten und der Saaltrakt beseitigt.

146 *M. Niermans,* Edouard Niermans, in: Connaissance des arts, Nr. 280, 1975, S. 99 u. S. 106;
L'industrie Hôtelière, Nr. 79, 1953/54, S. 8–9.

147 Z. IHV Nr. 34, 1910, S. 9, und Nr. 13, 1924, S. 238.

kann als opulentes Beispiel einer im späten 19. Jahrhundert beliebten Fassadengestaltung gelten. Zwei im rechten Winkel aneinanderstoßende Fassaden werden zu einer Hauptschauseite zusammengefaßt. Die Verbindung zwischen beiden schafft ein voluminöser, kuppelbekrönter Turm. Als eigenständiges, die gesamte Architektur beherrschendes Element enthält der Eckturm die Portalzone und wird so zur frontalen Hauptansicht, in der die beiden anstoßenden Fassaden gleichzeitig und perspektivisch verkürzt sichtbar werden. Ein ähnliches Konzept lag dem ebenfalls an der Promenade gelegenen »Hotel Ruhl« (1913)[148] zugrunde. Abweichend vom »Negresco« ist der Eckturm nicht ausgeschieden, sondern in die Fassaden eingebunden. Ihm entspricht ein zweiter Eckturm an der zum Meer gelegenen Fassade, wodurch diese Seite Symmetrie erhält und die Übereckansicht in den Hintergrund tritt. Das »Ruhl« nahm das Areal des niedergelegten »Hotel des Anglais« ein. Mit einer relativ

Abb. 59

148 Z. IHV Nr. 45, 1913, S. 45; L'industrie Hôtelière, Nr. 79, 1953/54, S. 8; das »Ruhl« wurde 1965 zugunsten eines einfallslosen Neubaus abgerissen.

Abb. 58 NIZZA, Hotel Negresco, 1912.

Abb. 59 NIZZA, Hotel Ruhl, 1913 anstelle des Hotel des Anglais erbaut, 1965 abgerissen.

schmucklosen Fassade, deren reizvoller Akzent eine viergeschossige Arkade in filigraner Eisenkonstruktion war, zeigt das »Hotel des Anglais« die bis um 1900 auch an der Côte d'Azur vorherrschenden schlichteren Formen. *Abb. 60*

Mit den Hotels »Impérial«, »Excelsior Regina« und »Negresco« wies Nizza pompöse Beispiele historistischer Hotelarchitektur auf, wie sie in dieser Prachtentfaltung außer an der Riviera fast nur noch in der Schweiz, vornehmlich am Genfer See, zu finden waren[149].

War Nizza die größte »capitale d'hiver«, so errang Monte Carlo seit dem Bau des Casinos (ab 1878) als exklusiver Aufenthalts- und Vergnügungsort einen raschen Aufschwung. 1863/64 wurde der Hauptbau des »Hotel de Paris« an der place du Casino nach dem Vorbild des »Grand Hotel« am boulevard des Capucines in Paris von Dutrou errichtet. Die charakteristische, zum Meer hin gelegene »Rotonde« trug die Jahreszahl 1897. Durch spätere Aufstockungen ging das architektonische Merkmal dieses segmentförmigen Traktes, eine steile, laternenbekrönte Kuppel über einem kräftig gegliederten neobarocken Mittelrisalit, verloren. 1908 wurde die Hauptfassade durch Edouard Niermans umgestaltet, 1910 der neobarocke Speisesaal angelegt[150]. *Abb. 61*

Von den zahlreichen Hotelbauten in Monte Carlo seien noch die markantesten erwähnt: das

149 Die nahe gelegene italienische Riviera wies im großen und ganzen weniger große und pompöse Bauten auf. Dacheindeckung, Fassadengliederung und -dekor orientierten sich stärker an traditionellen italienischen Bauformen.

150 Im ganzen fanden sieben größere Umbauten statt, darunter eine weitere Erhöhung auf heute acht Etagen. Unterlagen freundlicherweise zur Verfügung gestellt von der Société des Bains de Mer, Monte Carlo, Monaco.

Abb. 60 NIZZA, Hotel des Anglais, 1912 abgerissen.

Abb. 61 MONTE CARLO, Hotel de Paris, Gebäudetrakt »Rotonde« von 1897, heute neungeschossig. Seit 1864 insgesamt sieben große Umbauten.

Abb. 62 »Hotel Métropole« (1889)[151] in der Konzeption einer Dreiflügelanlage mit cour d'honneur, das groß-
Abb. 63 zügige »Riviera Palace« (1900) von Octave van Rysselberghe[152], oberhalb der Stadt in Beausoleil

151 Frdl. Mitteilung d. »Hotel Métropole«, Monte Carlo.

152 1898 wurde das Gelände angekauft, 1901 wird das Hotel im Baedeker aufgeführt. Sud-Est de la France, 1901; 1936 Hotelbetrieb eingestellt. Außenbau unverändert erhalten.

Abb. 62 MONTE CARLO, Hotel Métropole, 1889, Eingangshof.

Abb. 63 BEAUSOLEIL (Monte Carlo-Superieur), Riviera Palace Hotel, 1900, Nutzungsänderung 1936.

gelegen und das »Hotel Hermitage«. In dem von Jean Marquet geplanten und 1906 eröffneten »Hermitage«[153] vermischen sich neoklassizistische Anklänge mit Jugendstilmotiven; letztere werden besonders deutlich in den Wanddekorationen der Hauptfassade und in der Innengestaltung.

Abb. 64 Jugendstilelemente wies auch das »Hotel Gallia« (1899)[154] in Cannes auf, das im ganzen jedoch dem Typus des Hotelpalastes mit überkuppelten Eckpavillons und betontem Mittelrisalit verhaftet war. Von den etwas schweren Kuppeln abgesehen, zeichnete sich die transparent erscheinende Fassade durch Leichtigkeit und Eleganz aus. Im Vergleich hierzu wirken die Fassaden des »Hotel du Parc« (um 1890), ebenfalls in Cannes, abweisend und schwer. Abb. 65 Mit seinen stilistischen Anklängen an den wehrhaften Schloßbau

153 *B. Foucart,* Au plaisir des architectes, in: Monuments historiques 1, 1978, S. 5.

154 Z. IHV Nr. 35, 1911, S. 8. Bis auf spärliche Reste der Umfassungsmauerm völlig umgebaut.

Abb. 64 CANNES, Hotel Gallia, 1899.

Abb. 65 CANNES, Hotel du Parc, um 1890.

kann es als atypisches Beispiel für die Hotelarchitektur an der Riviera gelten. Auch Motive der italienischen Hochrenaissance schlugen sich selten so ausgeprägt nieder wie im Außenbau des »Continental« etwas oberhalb von Cannes. Seine streng axialsymmetrischen Bezüge gingen durch einen späteren Anbau verloren. Wie in Nizza, so siedeln sich auch in Cannes zunehmend große Hotelbauten bevorzugt an der Meerpromenade an. Das imposanteste Gebäude, das »Hotel Carlton«, nahm 1911 den Betrieb auf[155]. Mit zwei überkuppelten Ecktürmen zeigt die reich ornamentierte Fassade ähnliche Gestaltungsmerkmale wie die des »Hotel Ruhl« in Nizza. Etwa gleichzeitig, aber weniger pompös, entstehen in Menton das »Hotel Impérial« (1913) und das »Hotel Astoria« (1913/14), ein »Hotelgebäude im Stile Louis XVI.«[156]. Außerhalb dieser berühmten Kurorte etablierten sich zwischen Cannes und Menton einige vornehme Großhotels in isolierter und landschaftlich ausgezeichneter Lage. So das bereits 1889/91 errichtete »Grand Hotel du Cap« auf dem Cap Martin mit einer relativ schlichten Fassade sowie das weitläufige »Hotel Bristol« (1900) in Beaulieu, dessen prunkvolle Historismus-Architektur zu den aufwendigsten Beispielen an der Côte d'Azur zählt[157].

Abb. 66 *Abb. 67* *Abb. 68* *Abb. 69*

Später als die Côte d'Azur wurde die baskische Atlantikküste für Erholungs- und Vergnügungs-

155 Z. IHV Nr. 4, 1911, S. 8.
156 Imperial, Z. IHV Nr. 2, 1913, S. 10; Astoria, Z. IHV Nr. 34, 1913, S. 10.
157 Das »Hotel du Cap« 1946 innen umgebaut, außen unverändert erhalten. Seit 1955 Nutzung als Wohnhaus. Das »Bristol« in Beaulieu erhielt 1911 anstelle der üppigen Dachaufbauten eine flache von Balustraden gesäumte Eindeckung. Einschließlich des separaten Saaltraktes völlig erhalten und renoviert. Als Wohnhaus genutzt. Umbau 1911 vermerkt in: Guides Joanne, La Côte d'Azur, Paris 1916, S. 179.

Abb. 66 CANNES, Hotel Continental, um 1890.

aufenthalte entdeckt. Berühmtheit erlangte Biarritz durch die Vorliebe der Kaiserin Eugénie für diesen Ort. Als sich Napoleon III. 1854 die Villa »Eugénie« errichten ließ, begann der Aufstieg des

Abb. 67 CANNES, Hotel Carlton, 1911, Zustand 1979.

Abb. 68 ROQUEBRUNE-CAP-MARTIN, Grand Hotel du Cap, 1889/91.

Abb. 69 BEAULIEU, Hotel Bristol, 1900.

Fischerdorfes zum Modebad der Gesellschaft des 2. Kaiserreiches. Auf den Grundmauern der 1903 abgebrannten Villa »Eugénie« konstruierte man im gleichen Stil
Abb. 70 das »Hotel du Palais« (1903/05)[158] unter Zufügung eines großen
Abb. 71 Seitenflügels.

Nicht das dem französischen Schloßbau entlehnte Formenrepertoire, sondern die differenzierte Wertung im Aufbau der Fassade mit der Einteilung in Unter-,

158 Frdl. Mitteilung v. Herrn Jaques de Gueret, Hotel du Palais, Biarritz.

Abb. 70 BIARRITZ, Hotel du Palais, 1903/05.

Haupt- und Attikageschoß, weist den Bau mehr dem Typus Palais/ Villa zu. Unter Beibehaltung der horizontalen Fassadengliederung der ehemaligen Villa führten die Anbauten zu einem niedrigen, ausgedehnten Gebäudekomplex.

Da in den Zentren der stark frequentierten Badeorte Grundstücke knapp und teuer wurden, ist eine Tendenz zur Höhenentwicklung der Bauten allgemein zu beobachten. Der Baukörper wird den beengten Grundstücksverhältnissen angepaßt, die Distanz schaffenden Freiräume fehlen, wie

Abb. 71 BIARRITZ, Hotel du Palais.

Abb. 72 BIARRITZ, Hotel Carlton, 1910.

etwa beim »Hotel Carlton« (1910)[159] in Biarritz. *Abb. 72*

Konnten an der Côte d'Azur neben Nizza mondäne Badeorte wie Monte Carlo und Cannes bestehen, blieben die Orte an der baskischen Küste in ihrer Bedeutung weit hinter Biarritz zurück – was sich wesentlich in Gestalt und Größe der jeweils führenden Hotels widerspiegelt.

159 *Baedeker*, Sud-Ouest de la France, 1912, S. 276.
Seit den 50er Jahren Wohnhaus. Fassaden kaum verändert.

Abb. 73 Imponiert das »Grand Hotel Eskualduna«, 1911 von Henry Martinet[160] in Hendaye errichtet, mit seinen Ausmaßen und den regional beeinflußten Stilelementen der Fassade, so entspricht das damals führende Haus von Saint-Jean-de-Luz, das »Golf Hotel«, 1906/07 von Cazalis[161] erbaut, nicht mehr den Vorstellungen eines palastartigen Hotelbaus. Es wirkt wie eine zu hoch geratene Villa.

Abb. 74

Eine höhere Konzentration von bedeutenden Badeorten wies die normannische Küste auf, angeführt von dem Modebad Trouville, das noch vor dem Ersten Weltkrieg von Deauville als führendes Seebad abgelöst wurde. Konkurrenz machte beiden Orten das schon am bretonischen Küstenabschnitt gelegene Dinard.

Als bemerkenswertes Beispiel eines planmäßig angelegten

160 Frdl. Mitteilung v. Herrn J. F. Durandeau, Hendaye. Eröffnungsdatum 1911, vgl. *Baedeker*, Sud-Ouest de la France, 1912, S. 367.

161 Daten und Name des Architekten frdl. Mitteilung der Stadtverwaltung von Saint-Jean-de-Luz. Das »Golf Hotel« heute als Appartementhaus genutzt, ebenso das »Eskualduna« in Hendaye.

Abb. 73 HENDAYE, Grand Hotel Eskualduna, 1911.

Abb. 74 SAINT-JEAN-DE-LUZ, Golf Hotel, 1906/07.

Badeortes kann Cabourg gelten. In Form eines Fächers entworfen, laufen die Hauptstraßen radial auf einen Mittelpunkt zu, barokken Stadtplanungen vergleichbar, deren zentraler Punkt das Schloß des Herrschers bildete. Im Plan von Cabourg kommt diese Domi-
Abb. 75 nanzfunktion dem »Grand Hotel« und dem Casino zu. Der ursprüngliche Bau des »Grand Hotel« ist 1862 vollendet worden; 1881 wurde ein Anbau hinzugefügt. Ein letzter großer Umbau mit gleichzeitiger Neugestaltung der Fassade datiert von 1907[162].

Der hier schon häufig angesprochene und beliebte Typus eines querrechteckigen, axialsymmetrischen Baues mit drei kuppelüberwölbten Risaliten, tritt in dem von Blanchet entworfenen »Hotel Royal« (1901/02) in Dinard *Abb. 76*
wieder auf[163], mit einer relativ schlichten Fassadengestaltung. Das Fehlen prunkvoller Fassaden kann als charakteristisch für den Hotelbau an der normannischen und bretonischen Küste angesehen werden; zum einen entlehnte man stärker Elemente der regionalen Bauweise, zum anderen mögen die klimatischen Bedingungen eine Rolle gespielt haben, die vorkragende Balkons, Loggien, Terrassen etc. weniger erlaubten.

Eines der ältesten Großhotels der normannischen Küste dürfte das »Hotel des Roches Noires«[164] *Abb. 77*
in Trouville gewesen sein, das 1868 nach Plänen von Crépinet im »style hausmannien« erstellt wurde. Dem »Roches Noires« stilistisch verwandt sind einige Hotelbauten an der normannischen Küste, darunter das etwa zeit-

162 Monuments historiques 1, 1978, S. 80; Cabourg, Un peu d'histoire, Office de Tourisme, Cabourg, o. J.

163 1904/05 um zwei Geschosse erhöht; seit 1950 Appartementhaus; frdl. Mitteilung d. Mairie de Dinard.

164 Monuments historiques 1, 1978, S. 81.

Abb. 75 CABOURG, Grand Hotel, 1862, Zustand nach den Umbauten von 1881 und 1907.

Abb. 78 gleiche »Grand Hotel« des Architekten Baumier in Houlgate.

Nahezu streng wirkt die zum Meer gelegene Hauptfront des Abb. 79 »Palace Hotel« (1910)[165] in Trouville. Typisch ist die fast ornamentlose, elegant wirkende Fassade jedoch nicht. Offensichtlich folgt sie der neoklassizistischen Stilrichtung, die jedoch ebenso wie der Jugendstil selten auf Hotelbauten übertragen wurde. Die Verwandt-

165 Ebd., S. 81.

Abb. 76 DINARD, Hotel Royal, 1901/02.

Abb. 77 TROUVILLE, Hotel des Roches Noires, 1868.

Abb. 78 HOULGATE, Grand Hotel, um 1870, Dachzone später.

Abb. 79 TROUVILLE, Palace Hotel, 1910.

Abb. 80 DEAUVILLE, Hotel Royal, 1913.

schaft zum traditionellen Hotelpalast stellen denn auch die hohen Kuppeln der beiden Ecktürme wieder her.

Verhältnismäßig spät entstehen an der Atlantikküste sehr große Bauten wie 1913 das »Hotel Royal« in Deauville[166]. Die ungefähr 400 Zimmer umfassende Dreiflügelanlage lehnt sich im Gesamtkonzept an historische Vorbilder an mit überkuppeltem Mittelrisalit und zwei Seitenrisaliten. Ungewöhnlich ist jedoch die Übertragung von Verblendfachwerk – eine Reminiszenz an den normannischen Fachwerkbau – auf Fassaden von diesem Ausmaß.

Abb. 80

Ein Jahr vor dem »Royal« eröffnete in Deauville das »Hotel Normandy« (1911/12). Der Architekt Théo Petit[167] versuchte, dem 300-Zimmer-Bau das Aussehen alter normannischer Gasthöfe zu geben, was zu einem großflächigen, verschachtelten Gebäudekomplex führte. Die Fassaden sind ebenfalls mit normannischem Fachwerk dekoriert. Ob diese ländlichen Architekturreminiszenzen in der Intention der Bauherren lagen, bleibt dahingestellt.

Abb. 81

166 Z. IHV Nr. 33, 1913, S. 10.

167 Monuments historiques 1, 1978, S. 5, Zimmeranzahl »Royal« und »Normandy«, *Baedeker,* Nord-Ouest de la France, Leipzig/Paris 1913, S. 223.

Abb. 81 DEAUVILLE, Hotel Normandy, 1911/12, Teilansicht.

Abb. 82 WIMEREUX, Grand Hotel, 1901, Zustand vor 1914.

Fachwerk war per Gestaltungskonzept für Deauville weitgehend verbindlich. Das Bahnhofsgebäude unterliegt ihm ebenso wie noch 1925 das »New Golf Hotel«. Um so kontrastreicher wirkt die höfische Architektur des Spielcasinos. Die Illusion von Glück und Reichtum ließ sich wohl schwerlich durch ländliches Fachwerk signalisieren.

Von eher bescheidenen Dimensionen ist das »Grand Hotel« in Wimereux (1901)[168], dennoch demonstriert es Idee und Typus »Palasthotel« anschaulich. Mit *Abb. 82*

168 Unterlagen frdl. zur Verfügung gestellt v. d. Mairie de Wimereux. Dachzone nach Brand 1917 verändert wiederhergestellt 1924 v. M. Debosque. Seit 1959 Wohnhaus.

architektonischen Attributen großer historistischer Hotelpaläste ausgestattet, versucht es nicht, sich mit Elementen traditioneller regionaler Bauweise zu tarnen, sondern gibt sich als das zu erkennen, was es ist, bzw. als das, was das Publikum erwartet, nämlich eine palastartige Residenz für den vorübergehenden Aufenthalt, mitten in der Natur und zwischen kleinteiliger, den Kontrast steigernder Bebauung. Zwar ließe sich der Zusammenhang zwischen Repräsentations- und Luxusbedürfnis und Hotelbau an einem der vielen aufwendigen Bauten mit dementsprechender Klientel wesentlich eindrucksvoller darstellen. Interessant am Beispiel Wimereux ist jedoch, daß ein mittlerer Badeort, dessen führendes Hotel im Vergleich zu anderen hier angeführten Beispielen eher bescheiden zu nennen und dessen Publikum sicher nicht der Hochfinanz oder der hohen Aristokratie zuzurechnen ist, die gleiche Idee aufnimmt und architektonisch umsetzt.

Nach dem Ersten Weltkrieg geht die Hotelbautätigkeit auch in Frankreich zurück; im Gegensatz zu manchen anderen europäischen Fremdenverkehrsregionen ist jedoch das Bedürfnis nach großen, feudalen Hotelbauten noch immer gegeben. Bislang wenig bekannte Badeorte wie La Baule werden berühmt. Nach historistischem Konzept, aber mit reduziertem, regional beeinflußten Fassadendekor, als Verblendfachwerk auf die oberen Zonen des Gebäudes konzentriert, schuf F. Menard in La Baule das »Hotel Hermitage« (1925/26)[169]. *Abb. 83*

Unter den Rivieraorten verzeichnete Cannes einen weiteren Aufschwung; das »Hotel Majestic«[170] von 1926 und das kurze Zeit später eröffnete »Hotel Martinez« dürften die beiden letzten im traditionellen Stil errichteten Hotelpaläste an der Riviera sein, wenn auch die Fassaden, insbesondere die des »Martinez«, den zeitgenössischen Geschmack widerspiegeln.

Für das Fortleben des traditionellen Hotelpalastes kann das »Hotel Royal Picardy« in Le Touquet an der nördlichen Atlantik- *Abb. 84*

169 Frdl. Mitteilung v. Herrn Y. Le Naour, Hotel Hermitage, La Baule.
170 Z. IHV Nr. 21, 1926, S. 515.

Abb. 83 LA BAULE, Hotel Hermitage, 1925/26.

küste Frankreichs als außergewöhnliches Beispiel gelten. Erst 1928/29 nach Plänen von Debrouwer und Drobecq ausgeführt[171], steht es in der Wahl der Stilelemente ganz in der Tradition des historistischen Hotelpalastes, übertrifft diesen aber hinsichtlich Formenreichtum, Stilmischung, Adaption von Motiven des Schloßbaues und Ausmaßen in den allermeisten Fällen. »Ein wahrer Palast, sehr originell und einzig in seiner Art« rühmte der Internationale Hotelbesitzer-Verein und bezeichnete diese wohl letzte palastartige Schöpfung traditioneller Art als »das schönste Hotel der Welt«[172]. Ungewöhnlich ist der Grundriß. An den von einem Graben umgebenen Haupttrakt, flankiert von zwei voluminösen polygonalen Seitentürmen, schließen

171 Frdl. Mitteilung v. Herrn F. Holuigue, Sté. Académique du Touquet, Le Touquet.

172 Z. IHV Nr. 27, 1931, S. 541.

Abb. 84 LE TOUQUET-PARIS PLAGE, Hotel Royal Picardy, 1928/29, zerstört 1944.

sich an der Rückseite radial drei weitere Flügel an. Der gesamte Komplex umschloß neben zahlreichen Gesellschaftsräumen 500 Zimmer, die gleiche Anzahl Badezimmer und 120 Salons. Über den Stil schrieb zur Eröffnung im August 1929 die Zeitschrift »L'Illustration«: »D'aspect, il reproduit une vaste demeure seigneuriale de l'époque de cette Renaissance anglaise teintée de goût normand et voisine des tendances flamandes qui introduisit dans l'art de l'habitation le sens de la majesté du décor et l'amour de la richesse de la matière«[173]. Nur zehn Jahre diente der extravagante Monumentalbau seiner Bestimmung als Hotel; 1940 von der deutschen Armee besetzt, wurde er gegen Ende des Zweiten Weltkrieges bombardiert. Die Gebäudereste trug man kurze Zeit später ab[174].

Kurorte im Landesinnern

Die Kurorte im Landesinnern, fast ausnahmslos der Gruppe »station hydrominérale« zuzuordnen, wurden in der ersten Hälfte des 19. Jahrhunderts überwiegend von Kranken aufgesucht, ähnlich wie die alten Winterstationen Nizza und Hyères an der Côte d'Azur. In der zweiten Jahrhunderthälfte wandeln sich einige von ihnen zunehmend zu Vergnügungsorten. Das Publikum, das im Winter die berühmten Rivieraorte frequentierte, erwartete für den Sommeraufenthalt ein vergleichbar elegantes Ambiente. Kurorte, die zu Modebädern avancierten, trugen dem Anspruch dieses Publikums Rechnung; mit aufwendigen Theater- und Casinobauten, luxuriösen Geschäften, Filialen internationaler Banken und Agenturen und vor allem großartigen Hotelbauten wurden sie zu eleganten großstädtischen Zentren, ohne die Nachteile einer Großstadt.

Die höchste jährliche Besucherzahl hatte Vichy. Bereits frühzeitig bildete sich um die Kuranlagen eine verdichtete Zone von Hotelbauten, die in der Summe wesentlich von ihrem palastartigen Charakter verlieren. Hinzu kommt ein geringerer Formenaufwand, besonders das Fehlen von monumentalen Kuppeln und Turmauf-

173 L'Illustration, 10.8.1929.

174 F. Holuigue, Sté. Académique du Touquet.

bauten, der m. E. generell den Hotels der Thermalkurorte zu eigen ist. Das Konzept des freistehenden Hotelpalastes konnte entweder in den Randgebieten der großen Kurorte oder in wenig verdichteten kleineren Orten verwirklicht werden.

In Vichy erlaubten die Grundstücksverhältnisse nicht, aufwendige Hotels mit 200 bis 300 Zimmern wie das »Thermal Palace«, das »Hotel du Parc«, das »Majestic Palace« oder das »Carlton« als freistehende Gebäudekomplexe zu errichten. Lediglich das »Mercédès Palace Hotel«, das 1912[175] den Platz des niedergelegten alten Rathauses einnahm, stand frei; ähnlich manchen Großstadthotels an allen Seiten von Straßenzügen umgeben, ohne vorgelagerte Grünzonen.

In Aix-les-Bains finden sich die großen freistehenden Hotelkomplexe außerhalb des Zentrums in erhöhter Lage. So das bekannte »Grand Hotel Regina Bernascon«. *Abb. 85* Den nach Plänen von J. Pin 1897 bis 1900 ausgeführten Bau[176] charakterisiert eine stark vertikale Gliederung der Fassade, die sich in den steilen flächenbegrenzten Kuppeln der bewegten Dachzone fortsetzt.

175 Z. IHV Nr. 43, 1912, S. 16 f.
176 Frdl. Mitteilung v. Herrn Jean Bernascon, Lyon.

Abb. 85 AIX-LES-BAINS, Grand Hotel Regina Bernascon, 1897/1900.

Abb. 86 AIX-LES-BAINS, Hotel Mirabeau, 1908/10.

Breitgelagert wirkt dagegen das *Abb. 86* »Hotel Mirabeau«, nach Entwürfen von Hébrard 1908/10 erstellt[177]. Das historisierende Formenvokabular der Fassade integriert Jugendstilelemente, während sich die Gestalt der Dachzone weitgehend von überkommenen Vorbildern löst.

Als Treffpunkt der mondänen französischen Gesellschaft galt Evian-les-Bains. Die topographische Lage bot beste Voraussetzungen, das Konzept des isolierten, freistehenden Hotelpalastes in exponierter Höhenlage mit Blick auf See und Berge zu realisieren. Das bereits 1860 als *Abb. 87* »Hotel des Bains« erwähnte, vor der Jahrhundertwende umgebaute »Hotel Splendide« wurde oberhalb des Ortes erbaut. Es folgt dem Grundgedanken des symmetrisch querrechteckigen Baukörpers mit Betonung durch drei Risalite; verselbständigt aber die mit extrem hohen kurvierten Kuppeln überwölbten Risalite zu monumentalen Bauteilen, zwischen denen die Seitenflügel nur noch die Funktion von Verbindungstrakten haben. Mehrere terrassenartige, durch großzügige Treppenanlagen verbundene Vorbauten erhöhen das Bauwerk zusätzlich und stellen es gleichsam auf ein distanzierendes Podest.

177 Frdl. Mitteilung v. Herrn P. Allex, Aix-les-Bains; Eröffnung 1910, *Baedeker,* Sud-Est de la France, 1910, S. 125.

Abb. 87 EVIAN-LES-BAINS, Hotel Splendide, ab 1860 mehrfach umgebaut, Zustand um 1910.

Durch den noch höher placierten Bau des »Hotel Royal«, wurde das »Splendide« seiner architektonischen und ideellen Dominanzfunktion beraubt. Nach den Plänen von Hébrard 1907/09 errichtet, entfaltet sich die Idee des Palasthotels nochmals mit großem Pathos und Aufwand, angefangen bei dem weitläufigen Parkgelände bis hin zu den Fresken, für die Puvis de Chavannes die Vorlagen entworfen hatte. Den Anspruch auf Extravaganz demonstriert unübersehbar die Dachzone. Den gesamten Bau optisch dominierend, stellt sie eine der phantasievollsten und aufwendigsten Schöpfungen des Hotelbaus dar[178].

Abb. 88

Im allgemeinen weniger extravagant in der äußeren Form und im plastischen Schmuck präsentieren sich die großen Hotels in Contrexéville und Vittel, Bagnoles-de-l'Orne, La Bourboule, Le Mont-Dore, und Royat, sowie in den Badeorten der Pyrenäen, darunter Bagnères-de-Luchon und Cauterets, um nur die Bekanntesten zu nennen. Stellvertretend für die Vielzahl seien einige herausragende Beispiele erwähnt.

178 Unterlagen freundlich zur Verfügung gestellt vom »Hotel Royal«, Evian. Nach einem Brand 1958 ist die Dachzone nur andeutungsweise wiederhergestellt worden. Das »Splendide« seit einigen Jahren geschlossen. Außenbau unverändert.

Abb. 88 EVIAN-LES-BAINS, Hotel Royal, 1907/09.

Abb. 89 BAGNOLES-DE-L'ORNE, Grand Hotel des Thermes, 1900, Zustand nach der Erweiterung von 1907.

Abb. 90 CHATEL-GUYON, Hotel du Parc, 1897.

Mehr in der Monumentalität als in einer differenzierten Fassadengestaltung beeindruckt das »Grand Hotel des Thermes« in Bagnoles-de-l'Orne. Die etwas wuchtigen Eckpavillons sind nachträgliche Erweiterungen (1907) des 1900 nach Plänen von Bruneau vollendeten Hauptbaus. Schmale, hohe Dachaufbauten akzentuieren die Risalite des »Hotel du Parc« (1897)[179] in Châtel-Guyon und lassen insbesonders den mittleren Gebäudeteil manieriert erscheinen.

Abb. 89

Abb. 90

Weithin berühmt war Vittel. Dementsprechend großzügig waren die beiden führenden Hotels, das »Grand Hotel« und das »Palace Hotel« mit weitläufigen Gartenanlagen konzipiert. Im baulich verdichteten Zentrum von Le Mont-Dore lag das »Sarciron Rainaldy Palace Hotel« (1897)[180]. *Abb. 91*

179 Etablissement thermal de Bagnoles-de-l'Orne; Monuments historiques 1, 1978, S. 80. Eröffnungsjahr »Hotel du Parc«, Chatel-Guyon: Guides Joanne, Biarritz, Exercice 1897/98, S. 77.

180 1910 umgebaut, seit 1957 Appartementhaus. Unterlagen frdl. zur Verfügung gestellt v. Herrn F. Jungo, Le Mont-Dore.

Abb. 91 LE MONT-DORE, Sarciron Rainaldy (Palace) Hotel, 1897.

Ohne distanzierendes Garten- oder Parkgelände, vorgelagerte Terrassen, Auffahrten und den nötigen Abstand zur Nachbarbebauung verliert es wesentlich an Exklusivität.

Mit die letzten Großbauten der Vorkriegszeit waren das »Pyrénées Palace Hotel« in Luchon, dem wohl bekanntesten Kurort der Pyrenäen und das von Louis Ruphy mit einem üppigen Kuppeldach ausgeführte »Imperial Palace Hotel« in exponierter Seelage nahe Annecy, dessen Eröffnung einen Monat vor Kriegsausbruch stattfand. Nicht mehr rechtzeitig fertig wurde das 1913 begonnene »Majestic Palace Hotel« in Chamonix, eine glänzende und raumverschwenderische Inszenierung nach konventionellem Gestaltungskonzept. Daß der unmittelbare Ruin ausblieb, lag an dem attraktiven Standort. Chamonix avancierte zum eleganten, internationalen Wintersportort, das »Majestic Palace« zu einem der führenden Luxushotels Europas, dessen Glanzzeit erst zu Beginn der 50er Jahre endete[181].

Abb. 92

Abb. 93

Nach dem Ersten Weltkrieg entstehen im Landesinnern so gut wie keine großartigen Hotelbauten mehr. Eine der wenigen Ausnahmen ist das »Hotel l'Ermitage«

Abb. 94

181 Frdl. Mitteilung der Direction des Services Techniques Annecy. Hotelbetrieb 1965 eingestellt. Gebäude z. Zt. in Renovation. – Das »Majestic Palace« in Chamonix 1916 fertiggestellt, 1952 Umwandlung zu einem Appartementhaus. Frdl. Mitteilung der Mairie de Chamonix-Mont-Blanc.

Abb. 92 ANNECY, Imperial Palace Hotel, 1914, 1965 geschlossen, 1981 in Renovation.

von Fernand Cesar, das 1929 in Vittel eröffnete[182]. Es läßt jedoch wenig Reminiszenzen an die palastartigen Bauten der Vorkriegszeit erkennen.

Erfährt der Luxustourismus durch die sozialen Umschichtungen nach 1918 eine Einschränkung, so kommt er infolge der Weltwirtschaftskrise weitgehend zum Erliegen. Nach dem Zweiten Weltkrieg schließlich können nur noch wenige der alten Palasthotels den Betrieb aufrechterhalten. Von den hier besprochenen Beispielen wird heute nur noch eines als Luxushotel geführt[183]; alle übrigen Häuser wurden, soweit noch existent, anderen Funktionen zugeführt.

182 Société générale des Eaux Minérales de Vittel, Vittel.

183 »Hotel Royal« in Evian. In bescheidenem Rahmen mit reduzierter Zimmerzahl das »Hotel des Thermes« in Bagnoles-de-l'Orne.

Abb. 93 CHAMONIX, Majestic Palace Hotel, 1913/16.

Abb. 94 VITTEL, Hotel l'Ermitage, 1929.

Deutschland

Einen an französischen oder Schweizer Beispielen gemessenen formalen Aufwand hat der Hotelbau in Deutschland nur vereinzelt erreicht. Zwar fand in dem genannten Zeitraum auch in Deutschland eine gesteigerte Hotelbautätigkeit statt – ein vergleichbarer Boom blieb jedoch aus. Großartige Neubauten sind relativ selten. Die berühmten deutschen und österreichischen Bäder blieben zwar aristokratisch geprägte Kurorte, ihre Glanzzeit hatten die meisten jedoch im letzten Viertel des 19. Jahrhunderts überschritten. Ein entscheidender Grund dürfte das 1872 für ganz Deutschland erlassene Spielbankverbot gewesen sein. Besonders für kapitalkräftige Gäste schien das eine Einschränkung des Amusements bedeutet zu haben. Am Schluß ihrer Untersuchung über »Das europäische Modebad des 19. Jahrhunderts«, mit dem Untertitel »Baden-Baden – Eine Residenz des Glücks«, stellt M. Steinhauser beispielsweise fest, daß mit der Schließung der Spielbank »die Umwandlung Baden-Badens in ein Heilbad und in deren Gefolge eine erneute Veränderung seiner sozialen und städtebaulichen Struktur« begann[184].

Anziehungskraft behielt Baden-Baden weiterhin. Verstärkt wandte man sich der Errichtung von Badehäusern und Einrichtungen des Kurbetriebs zu. Als »ville d'hôtellerie« präsentierte sich die Stadt nach wie vor – im Unterschied zu luxuriösen Schweizer und französischen Fremdenverkehrsorten dominierten die Hotelbauten im Stadtbild architektonisch weniger. Die Mehrzahl der Hotelbauten fügte sich in die umgebende Bebauung ein oder bildete geschlossene Straßenfronten. Abgesehen von der Werbung verraten manchmal nur Details die Funktion, wie das durchgängige Balkonmotiv oder die Ablesbarkeit der Restaurations- und Gesellschaftsräume in der Erdgeschoßzone.

Das »Grand Hotel Messmer« in Baden-Baden, dessen Ruhm nicht zuletzt auf zahlreiche Aufenthalte des deutschen Kaiserpaares zurückging, wirkte äußerlich in weiten Teilen eher wie ein vornehmes Mietshaus. Ähnliches gilt für die meisten Baden-Badener Hotels[185].

Abb. 95 BADEN-BADEN, Hotel Badischer Hof, Halle, Zustand 1981.

Der »Badische Hof«, eines der ältesten Hotels in Europa, war ursprünglich ein Kapuzinerkloster. 1807–1809 wurde es nach Entwürfen von Friedrich Weinbrenner zu einem Hotel in Form eines klassizistischen Palais umgestaltet[186]. *Abb. 95*

184 *M. Steinhauser,* in: Die deutsche Stadt im 19. Jahrhundert, 1974, S. 95–128, hier S. 119.

185 Führend im Hotelbau Baden-Badens waren die Architekten Vittali und Billing, für Umbauten am »Stéphanie«, »Messmer«, »Hof von Holland« und »Bellevue« (Neubau), vgl. Z. IHV Nr. 27, 1904.

186 Vgl. *Pevsner,* Building types, S. 173; *M. Steinhauser,* in: Die deutsche Stadt im 19. Jahrhundert, S. 101 u. Anm. 35.

Abb. 96 BADEN-BADEN, Brenner's Park Hotel (Hotel Stéphanie), Haupttrakt von 1893, rechts Villa Augusta.

Zwei große, freistehende, von Parkanlagen umgebene Häuser finden sich an der Lichtentaler Allee. Beide, sowohl »Brenner's Park-Hotel« (früher »Stéphanie«), als auch das »Hotel Bellevue«, sind alte Etablissements, die erst durch Um- und Neubauten Ende des 19. Jahrhunderts ihr palastartiges Aussehen erhielten.

Die Anfänge des »Stéphanie-les-Bains« gehen bis 1821 zurück; ab 1889 bzw. 1893 bekam das
Abb. 96 »Hotel Stéphanie« seine heutige Form; 1912 ging es als Haupttrakt in »Brenner's Park Hotel« auf[187].

Der Vorgängerbau des »Hotel Bellevue«, das »Hotel zur schönen Aussicht«, wurde 1871/72 vergrößert und 1890/92 in den großen Neubau des Architekten Vittali einbezogen. Die repräsentative Frontseite betonten zwei steile Turmaufbauten, ähnlich denen des »Hotel Fürstenhof« in Bad Wildungen, die ebenfalls auf Entwürfen Vittalis beruhen. Nachdem 1918 das Dachgeschoß ausbrannte, griff man nicht mehr auf den ursprünglichen Zustand zurück. Das »Bellevue« erhielt ein *Abb. 97*

187 Frdl. Mitteilung u. Unterlagen von Frau M. Fuss, Stadtarchivarin, Baden-Baden.

Abb. 97 BADEN-BADEN, Hotel Bellevue, 1890/92, Dachzone nach Brand 1918 verändert.

Abb. 98 WIESBADEN, Hotel Nassauer Hof, 1899, nach Teilzerstörung vereinfacht wiederhergestellt.

viertes Obergeschoß mit flachem Walmdach-Abschluß[188].

Wurde die wirtschaftliche und bauliche Entwicklung Baden-Badens wesentlich in seiner Glanzzeit als Modebad, also vor den Kriegsereignissen von 1870/71 und dem Spielbankverdikt von 1872 geprägt, gelang es Wiesbaden zu einer finanzstarken Großstadt mit einer dementsprechenden baulichen Prosperität aufzusteigen. Mit der Höchstzahl von ca. 200 000 Besuchern im Jahr 1909 stand Wiesbaden an der Spitze aller deutschen Kurorte[189].

Das neue Kurhaus, zwischen 1905 und 1907 von Thiersch ausgeführt, der pompöse Theaterneubau von Fellner und Helmer von 1894, die reichornamentierten Hotelbauten der Spätgründerzeit an der Wilhelmstraße und die übersteigert prunkvollen neobarocken Fassaden des Hotels

Abb. 98 »Nassauer Hof« (1899)[190], bildeten das engere Kurzentrum. Eine effektvolle Kulisse für das elegante Badeleben. In seiner äußeren Gestaltung weniger gründerzeitlich pompös, nimmt das »Hotel Rose« (1899) eine Seite des Kranzplatzes ein, während die ebenfalls zum Kranzplatz gerichtete Fassade des »Palast Hotel« (1902/05)[191] in relativ mäßigem Formenaufwand ausgeprägte Jugendstilanklänge erkennen läßt.

Um einen Vergleich mit den Hotelbauten luxuriöser französischer und Schweizer Fremdenverkehrsorte geben zu können, ist bewußt die Situation des palastartigen Hotelbaus am Beispiel der berühmtesten und meistfrequentierten Badeorte – Baden-Baden und Wiesbaden – gegeben worden. Auf die zahlreichen anderen deutschen Kurorte, teilweise ebenfalls weithin bekannt, darunter Bad Homburg, Bad Ems, Bad Kissingen und Bad Nauheim, kann hier nicht näher eingegangen werden. Festzuhalten bleibt, daß der hier interessierende Bautypus,

188 1920/21 großer Anbau mit neuem Speisesaal. Baugeschichte frdl. mitgeteilt von Herrn H. Saur.

189 Über die Entwicklung Wiesbadens im 19. Jahrhundert s. u. a. *U. v. Hase,* Wiesbaden – Kur- und Residenzstadt, in: Die deutsche Stadt im 19. Jahrhundert, S. 129–149. Die Hotelbauten werden allerdings nicht erwähnt.

190 1899 eröffnet, *Baedeker,* Die Rheinlande, 1899, S. 258, 1905 Erweiterung um den angrenzenden Hotelblock, Z. IHV Nr. 26, 1905, S. 2.

191 Z. IHV Nr. 16, 1905, S. 2.

wie bereits bemerkt, generell nicht die Ausprägung französischer oder Schweizer Beispiele fand. Ohne Anspruch auf Vollständigkeit seien noch einige Bauten hervorgehoben.

Ganz dem historischen Schloßbau verhaftet, präsentiert sich der imposante Bau des »Hotel Fürstenhof« in Bad Wildungen. Mit seinen vier mächtigen quadratischen Ecktürmen ähnelt er in der Konzeption mehr dem Aschaffenburger Schloß als zeitgleichen Hotelbauten. Trotz der einheitlichen optischen Wirkung hat der »Fürstenhof« eine komplizierte Baugeschichte. An Stelle des alten Kurhauses erstellte man 1902 den ersten Bauabschnitt, dem sich 1903 eine Erweiterung und 1911/12 eine abermalige bedeutende Vergrößerung anschlossen[192].

Abb. 99

192 60 Jahre IHV, 1929, S. 253.

Abb. 99 BAD WILDUNGEN, Hotel Fürstenhof, 1902, Zustand nach Erweiterungen 1903 und 1911/12.

Abb. 100 BAD KREUZNACH, Kurhaus Hotel, 1914.

Noch enger historischen Vorbildern angelehnt ist das »Grand Hotel Schlesischer Hof« in Bad Salzbrunn. Als einer Weltstadt zur Zierde gereichend wird das 1912 fertiggestellte Hotel gerühmt. Daß der einer barocken Schloßanlage gleichende Bau in einem Provinzkurort aufgeführt wurde, dürfte sicher auf die ehrgeizigen Pläne des Besitzers, des Fürsten von Pless, zurückzuführen sein[193].

In den letzten Jahren vor dem Ersten Weltkrieg setzt in den deutschen Kurorten eine relativ rege Bautätigkeit ein, die größtenteils neue stilistische Einflüsse erkennen läßt. Die üppigen Historismen der Spätgründerzeit in Dekor und Plastizität werden von schlichten, teils neoklassizistisch beeinflußten Fassadenstrukturen abgelöst.

Sie kennzeichnen u. a. das »Palast Hotel«, heute »Kurhaus Hotel«, in Bad Kreuznach, 1914 *Abb. 10(*

193 »Es gehört zu den charakteristischen Erscheinungen im deutschen Hotelwesen, daß überall da, wo große Standesherren als Hotelbauer auftraten, auch immer wirkliche Fürstenhöfe entstanden«, schreibt die Z. IHV, Nr. 23, 1929, S. 403–405.

Abb. 101 BAD EMS, Kurhaus Hotel, Neubau von 1912/13.

nach Entwürfen von E. v. Seidl
Abb. 101 vollendet[194], das »Kurhaus Hotel« in Bad Ems (1912/13)[195], das »Grand Hotel Axelmannstein«
Abb. 102 (1909) in Bad Reichenhall[196], das »Palast Hotel Wettiner Hof« (1909)[197] von Zapp und Basarke

194 Z. IHV Nr. 19, 1914, S. 14.

195 Völliger Um- bzw. Neubau 1912/13, Z. IHV Nr. 17, 1913, S. 13.

196 Die Geschichte des Axelmannstein, Masch. 1 S., o. J. Ankauf des alten Kurhauses Axelmannstein 1907, Z. IHV Nr. 13, 1907, S. 3.

197 *Paul Westheim,* Hotelbauten, in: Die Bauwelt 1, 1910, H. 74, S. 11–12, Z. IHV Nr. 7, 1909, S. 4.

Abb. 102 BAD ELSTER, Palast Hotel Wettiner Hof, 1909, Seitenansicht.

in Bad Elster, das »Kurhotel Quellenhof« (1914/16) von K. Stöhr in Aachen[198] und den Erweiterungsbau des »Kurhaus Hotel« (1913/14) in Bad Neuenahr, dessen auffälligstes Merkmal ein mächtiger quadratischer Mittelturm mit einer steilen polygonalen Kuppel ist. Schon der erste Bau des »Kurhaus Hotel« in Bad Neuenahr aus den Jahren 1860/61 konnte als stilistische Besonderheit gelten[199]. Mit Spitzbogen-Arkaden, Tudorbogen, Blendbogen-Fries und Zinnenbekrönung bestimmten gotische Stilelemente die Fassade.

Abb. 103
Abb. 104

Besaßen die deutschen Kurorte auch Anziehungskraft für die Aristokratie und Hochfinanz aus dem Ausland, so waren die Seebäder an den Küsten der Nord- und Ostsee vergleichsweise bescheidene Orte, dessen Publikum sich im wesentlichen aus den großen Städten Norddeutschlands rekrutierte. Ein Bedarf an luxuriösen, aufwendig gestalteten Hotelbauten bestand nicht. Mit 42 000 Gästen lag Norderney 1910 an der Spitze aller deutschen Seebäder. Dennoch blieben die Hotelbauten bescheiden; sowohl in der Architektur, als auch in der Größe[200].

Abb. 103 BAD NEUENAHR, Kurhaus Hotel, Erweiterung von 1913/14.

198 Z. IHV Nr. 22, 1916, S. 7.

199 Nach der Erstellung eines östlichen Anbaus 1903/04 bildete der erste Bau den Mitteltrakt des Hotels. 1965/67 wurde er abgerissen und durch einen Mittelbau ersetzt. Frdl. Mitteilung d. Kurverwaltung Bad Neuenahr. Der Architekt des Westbaus (1913/14) war Moritz, der 1906 das Kurhaus erbaut hatte.

200 Von den drei führenden Hotels auf Norderney hatte der »Kaiserhof« 180 Zimmer, der »Europäische Hof« 60 und das »Germania« nur 45 Zimmer, *Baedeker*, Nordwest-Deutschland, 1911, S. 86 f.

Abb. 104 BAD NEUENAHR, Kurhaus Hotel, ursprünglicher Bau von 1860/61, abgerissen 1965/67.

Österreich und Tschechoslowakei

Seinem Ruf als Weltbad trug das traditionsreiche Karlsbad mit entsprechenden Hotelbauten Rechnung. Neben älteren Etablissements, die im Laufe der Zeit umgebaut und erweitert wurden, entstanden zahlreiche Neubauten, von denen das »Hotel Imperial« der weitaus imposanteste ist.

Burgartig beherrscht der kolos-
Abb. 105 sale, 1912[201] fertiggestellte Bau die gesamte Stadt. Eine unüber-
Abb. 106 sehbare Demonstration von Reichtum, Status und Macht der internationalen Hochfinanz, die das Hotel erbauen ließ und einen Großteil der Klientel stellte. Bereits im Parzellierungsgesuch ist an die Errichtung »eines den Riviera-Palästen gleichenden Hotels allerersten Ranges« gedacht[202]. Die Absicht, mit den Rivieraorten konkurrieren zu können – was Karlsbad auch gelang

201 Z. IHV Nr. 23, 1912, S. 15. Nach dem Krieg als Sanatorium genutzt. Außenbau unverändert.
202 Zit. nach Z. IHV Nr. 48, 1904, S. 3.

Abb. 105 KARLSBAD, Hotel Imperial, 1912, Eingangsfassade.

– muß schließlich den Stadtrat bewogen haben, für den exponiert gelegenen Monumentalbau zahlreiche Ausnahmegenehmigungen zu erteilen[203].

Der architektonische Aufwand des breitgelagerten, symmetrischen Baukörpers liegt weniger in der Fassadengestaltung – die Ornamentik ist auf ein Minimum

203 Z. IHV Nr. 36, 1905, S. 4. Nr. 52, 1909, S. 2.

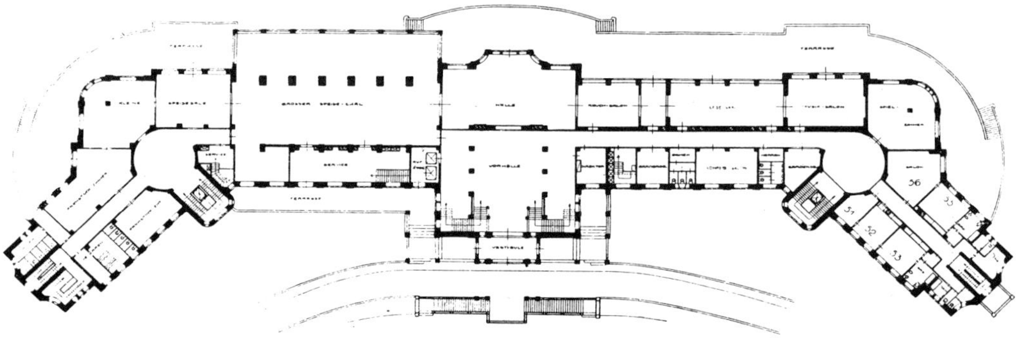

Abb. 106 KARLSBAD, Hotel Imperial, Erdgeschoß-Grundriß.

reduziert – als in der luxuriösen und raumverschwenderischen Innengestaltung, die u. a. in drei Repräsentations-Treppenhäusern sowie einer 120 Meter langen Enfilade von Gesellschaftsräumen ihren Ausdruck fand[204].

Altrenommiert war das »Grand
Abb. 107 Hotel Pupp« (heute »Moskva«), ein mehrfach erweiterter Hotelkomplex, dessen neobarocker Haupttrakt 1893 fertiggestellt wurde[205]. 1905/06 fügten die Architekten Fellner und Helmer einen großen Konzertsaal hinzu. 1910 abermals erweitert[206], wurde schließlich 1912 unter dem Namen »Park Hotel Pupp« ein

204 Leitender Architekt war E. Hébrard, vgl. u. a. *Karlovy Vary,* Prag 1977, S. 55; Der Bautechniker 33, 1913, S. 977–978 nennt als Architekt J. Kronfuß. Seit 1945 Nutzung als Sanatorium.

205 Die Angaben über die Erbauungszeit sind unterschiedlich:
1899: in: *H. Schubert,* Karlsbad, München 1980, S. 61;
1891/93: in: *Umělecké Památky,* Čech 2, Praha, 1978, S. 33;
1892: in: Festschrift zur 74. Versammlung Deutscher Naturforscher und Ärzte (Bd. 1), Karlsbad 1902, S. 210;
Der rechte Eckerker des Haupttraktes trägt die Jahreszahl 1893.

206 Z. IHV Nr. 28, 1910, S. 12.

Abb. 107 KARLSBAD, Grand Hotel Pupp, rechts Haupttrakt von 1893, in der Mitte Konzertsaal von 1905/06, links Annex (Park Hotel Pupp) von 1912.

Abb. 108 MARIENBAD, Hotel Weimar, Neubau von 1904.

Neubau dem Komplex angegliedert[207].

Allgemein verläuft die Entwicklung in den böhmischen Bädern ähnlich wie in den traditionsreichen deutschen Kurorten. Ältere Häuser werden erweitert, umgebaut oder durch Neubauten ersetzt. Die Neubauten bleiben, bei allerdings beträchtlichem Formenaufwand, in den Dimensionen vergleichsweise bescheiden,
Abb. 108 wie das »Hotel Weimar« (1904) in Marienbad von A. Heymann[208], das oberhalb von Marienbad gelegene »Hotel Esplanade« (1911)[209] oder das »Grand Hotel Klinger« (1908)[210].

Der monumentale Hotelpalast, verkörpert im »Imperial« in Karlsbad, blieb die Ausnahme. Ähnlichkeit im Außenbau und in der Größe hatte das zeitgleiche »Radium Palace Hotel« in Joachimsthal. Verglichen mit dem »Imperial« war der architektonische Aufwand, insbesondere im Innern, eher bescheiden[211].

Mit eines der größten Hotels Österreichs dürfte das 400 Zimmer umfassende »Grand Hotel
Panhans« auf dem Semmering *Abb. 10*
gewesen sein. Anstelle des ersten Baus von 1887 planten die Architekten R. Herrmann und O. Fischer einen Neubau (1912), dessen Fassade mit den Reihungen von Loggien etwas an Sanatoriumsbauten erinnert. Das zweite Großhotel

207 Z. IHV Nr. 40, 1912, S. 10.
208 60 Jahre IHV, 1929, S. 170.
209 Z. IHV Nr. 26, 1911, S. 10.
210 1909 durch Neubau vergrößert.
211 1912 eröffnet. Mit dem Bau des »Radium Palace« begann die Entwicklung Joachimsthals (Jáchymov) zum Badeort. Z. IHV Nr. 41, 1927, S. 131 u. Nr. 36, 1925, S. 1048–1050.

Abb. 109 SEMMERING, Grand Hotel Panhans, Neubau von 1912.

auf dem Semmering, das »Südbahn Hotel«, ist ein verschachtelter Baukomplex mit verschiedenartigen Dachaufbauten. Unschwer sind einzelne Bauabschnitte auszumachen. 1882 erstellte man den Haupttrakt, der 1883, 1903 und 1908 um Anbauten vergrößert wurde[212].

Häufige Erweiterungen sind ein ebenso kennzeichnendes Merkmal der in freier Landschaft gelegenen Berghotels wie die rustikale Außenarchitektur in Holz, Bruch- und Werkstein mit Balkonen und Erkern aus Holz und tief heruntergezogenen Dächern. Dem rustikalen Äußeren entsprachen Holzdekorationen und -konstruktionen im Inneren. Typisch für diese Gestaltung und mit 300 Zimmern eines der größten Berghotels dürfte das von J. Musch und C. Lun 1894/96 ausgeführte »Hotel Karersee« in den Südtiroler Alpen gewesen sein. *Abb. 110* Nicht zuletzt aufgrund der überwiegenden Verwendung von Holz als Baumaterial brannte im August

212 Unterlagen frdl. zur Verfügung gestellt vom Bauamt Semmering. Haupttrakt des »Südbahn Hotel« von A. Wildhack und R. v. Morpurgo. Das Südbahn-Hotel am Semmering, in: Z. IHV Nr. 12, 1926, S. 272.

Abb. 110 KARERSEE, Hotel Karersee, Gebäude von 1896, nach Brand 1911 Neubau.

1910 das »Hotel Karersee« total nieder[213].

In den berühmten Kurorten fanden rustikale Luxushotels wenig Anklang; hier bevorzugte man städtische Architektur – mochte der Standort auch noch so einsam und fern jeder Großstadt gelegen sein. Internationalen Ruf besaß im österreichischen *Abb. 111* Alpengebiet einzig Bad Gastein, das ein besonders eindrucksvolles Bild einer »ville d'hôtellerie« bietet. An den steilen Rändern eines Alpentales gelegen, ließ die Topographie kaum Flächenausdehnung zu. Auf engem Raum entstanden in dichtem Nebeneinander Hotelhochbauten bis zu zehn Etagen. Dieses Konzentrat großstädtischer Bauweise inmitten einer Alpenlandschaft verleiht dem Ort etwas Unwirkliches. Der Höhepunkt der Bautätigkeit wurde 1909 mit der Eröffnung des »Grand Hotel de l'Europe«, dem größten Gebäude Gasteins, *Abb. 11* erreicht[214]. Von der Talsohle bis

213 Noch im selben Jahr wiederaufgebaut. Über das »Karersee Hotel«, *A. Prokop*, in: Der Bautechniker 17, 1897, ab S. 246 in Folgen.

214 *H. v. Zimburg*, Die Geschichte Gasteins, Wien 1948, S. 328. Zimburg gibt als Bauzeit für das »Europe« 1907–11 an. Im Februar 1909 wird die Eröffnung für Mai 1909 angekündigt, Z. IHV Nr. 6, 1909, S. 3. Daß das »Europe« 1909 eröffnet wurde, beweisen auch die Kurlisten (Kurverwaltung Bad Gastein) dieses Jahres mit zahlreichen Eintragungen für das »Europe«, darunter die Familien Baedeker und Rothschild.

Abb. 111 BAD GASTEIN, Teilansicht um 1960, rechts Grand Hotel de l'Europe.

zur Kuppelspitze hatte der Bau die beachtliche Höhe von 55 Metern.

Zusammenfassend bleibt festzuhalten, daß die Bautätigkeit im Bereich der luxuriösen, aufwendig gestalteten Großhotels in den zwei Jahrzehnten vor dem Ersten Weltkrieg in deutschen und österreichischen Kurorten bei weitem nicht die Ausmaße französischer und Schweizer Fremdenverkehrsorte erreichte. Ein wesentlicher Grund dürfte in dem bereits angesprochenen Wandel des Charakters dieser Orte gelegen haben.

Abb. 112 BAD GASTEIN, Grand Hotel de l'Europe, 1909.

Abb. 113 SCHEVENINGEN, Hotel Kurhaus, 1887 wieder aufgebaut, nachdem der ursprüngliche Bau von 1884/85 abbrannte.

Einzelbeispiele angrenzender Länder

Abbazia und Scheveningen, die bedeutendsten Seebäder der Adria bzw. der niederländischen Küste, hatten nach der Statistik nur für das benachbarte Ausland größere Bedeutung. Ähnliches galt für das stark frequentierte Meran. Trotz gesteigerter Hotelbautätigkeit blieben luxuriöse Großhotels in diesen Orten die Ausnahme, darunter das »Kurhaus Hotel« (1884/85)[215] von J.F. Henkenhaf und F. Ebert und das »Palace Hotel« (1904)[216] von W.B. van Liefland in Scheveningen, das »Hotel Quarnero« (1883) in Abbazia oder das von Delugan entworfene »Palast Hotel« (1906) in Meran, das »wie ein Marmorpalast aus einem hochgelegenen alten Park« ragt[217].

Abb. 113 *Abb. 11*

Auch San Sebastian, das als Sommerresidenz des königlichen Hofes zum vornehmsten Badeort Spaniens avancierte, zog zwar die

215 Wiederaufbau, nachdem das Hotel zwei Jahre nach Eröffnung abbrannte. *E. H. Ter Kuile,* Het Kurhaus te Scheveningen, in: Bulletin & Nieuws-Bulletin Koninklijke Nederlandse Oudheidkundige Bond, Ser. 6, Jg. 11, 1958, S. 179–186; 1979 renoviert.

216 Z. IHV Nr. 30, 1904.

217 Von Delugan stammen auch die Pläne für die Umgestaltung des »Grand Hotel Meraner Hof«, ebenfalls 1906. Z. IHV, Nr. 9, 1906, S. 2.

Abb. 114 MERAN, Palast Hotel, 1906.

spanische Hocharistokratie an, jedoch weniger das internationale Publikum, das sich im unweit gelegenen Biarritz niederließ. Da die spanischen Gäste meist eigene Villen oder Wohnungen in San Sebastian besaßen, war der Bedarf an aufwendigen Hotelbauten relativ gering. Mit rund 200 Zimmern schon die größten Häuser, waren das vornehme »Hotel Maria Cristina«, 1912 am Paseo de la Concha eröffnet, und das benachbarte, 1916 völlig umgebaute »Continental Palace Hotel«[218].

Badeorte mit einem überdurchschnittlich hohen Anteil an internationalem kapitalkräftigem Publikum dagegen waren führende Modebäder wie Ostende, »la plage la plus élégante de l'Europe«, oder Venedig-Lido mit großartigen Hotelanlagen durchaus denen an der Côte d'Azur vergleichbar. Zum Treffpunkt der vornehmen Gesellschaft wurde der Lido mit der Eröffnung des

218 Guides Joanne, La Côte d'Azur, 1916, S. 138. *Baedeker,* Sud-Ouest de la France, 1912, S. 370.

Abb. 115 OSTENDE, Royal Palace Hotel, 1900, Eingangsseite und Galerie, zerstört 1944.

»Grand Hotel des Bains« (1900). Ein imposantes Beispiel in Ostende war das »Royal Palace Hotel«. Nach Plänen von Edouard Niermans für die Compagnie des Grands Hôtels Européens unter der Bauleitung von Octave van Rysselberghe 1900 erstellt, war es mit jeglichem Luxus einschließlich eines Spielcasinos ausgestattet[219]. Distanziert wie ein absolutistischer Palast lag das »Royal Palace« umgeben von weitläufigen geometrischen Gartenanlagen. Die gesamte zum Meer gelegene Seite säumte eine 300 Meter lange Arkaden-Wandelhalle, die den Gästen das Promenieren auf der tiefergelegenen allgemeinen Uferpromenade ersparte.

Abb. 115

Verfolgte das »Royal Palace« das gedankliche Prinzip feudaler Vorbilder, so suchte das »Grand Hotel Bellevue« in Westende durch architektonische Extravaganz zu beeindrucken. Der ungewöhnliche, von Octave van Rysselberghe entworfene Hotelbau (1911)[220] dürfte in Umrißform und Fassadengestaltung ohne zeit-

Abb. 11
Abb. 11

219 Nach Schließung des Spielcasinos blieb das reiche Publikum aus. 1911 wurde das Hotel für nicht einmal ein Drittel der Baukosten versteigert.
Z. IHV Nr. 29, S. 10, u. Nr. 31, S. 11, 1911; vgl. Connaissance des arts Nr. 280, 1975, S. 98;
1944 durch Kriegseinwirkungen abgebrannt, anschließend völlig niedergelegt. Frdl. Mitteilung Dr. L. Devliegher, Provinciale Dienst voor Cultuur, Brügge.

220 Z. IHV Nr. 31, 1910 S. 9, sieht 1911 für die Eröffnung vor; 1905 als Erbauungsjahr nennt dagegen: *Aplus,* Nr. 16, Brüssel, 1975, S. 35; 1910 wird es von *Baedeker,* Belgique et Hollande, noch nicht aufgeführt.

Abb. 116 WESTENDE, Grand Hotel Bellevue, 1911, nach Kriegszerstörungen wiederhergestellt.

Abb. 117 WESTENDE, Grand Hotel Bellevue.

Abb. 118 VENEDIG-LIDO, Excelsior Palace Hotel, 1908, Fassade zur Straße.

Abb. 119 VENEDIG-LIDO, Excelsior Palace Hotel, 1908, Teilansicht der Fassade zur Landseite.

gleiche Parallele sein. Stilistisch von der belgischen Richtung des Jugendstils beeinflußt, entspricht das »Bellevue« kaum dem Erscheinungsbild eines palastartigen Hotels jener Zeit.

Denkmalhaft dagegen verkörpert das »Excelsior Palace Hotel« auf dem Lido von Venedig das gedankliche Konzept des Palasthotels. Für die Venice Hotel Company von dem Architekten G. Sardi geplant, wurde der Monumentalbau nach einer Bauzeit von nur einem Jahr am 20. Juli 1908 in Anwesenheit von 3000 geladenen Gästen festlich eröffnet[221]. Der 300 Meter lange und bis zu 45 Meter hohe Gebäudekomplex umfaßte 400 Zimmer sowie zahlreiche Gesellschafts- und Festsäle hinter Fassaden von »orientalischer prunkhafter Pracht«, wie ein zeitgenössischer Bericht vermerkte[222].

Abb. 118
Abb. 119

Das Kulissenhafte, ein dominierender Wesenszug dieses Bautypus, erfährt im »Excelsior Palace« eine in Europa kaum überbotene Steigerung ins Exotische. Maurische und venetianische Stilelemente und Dekorationsmotive, voluminöse Metallkuppeln arabische Zinnen, minarettartige Türme und von ägyptischen Sphingen flankierte Freitreppen gruppieren sich zu einer pompösen Kulissenwelt. Ein luxuriöses Refugium von bizarrer Künstlichkeit – fernab von den Banalitäten des bürgerlichen Alltags und vor allem von der Realität des Zeitgeschehens.

221 Z. IHV Nr. 6, 1909, S. 4. Der Venice Hotel Comp. gehörten u. a. das »Royal Danieli« und das »Grand Hotel« in Venedig.

222 Z. IHV Nr. 6, 1909, S. 4.

Architektonische Gestaltung

Die Hauptgestaltungsmerkmale, bei der Nennung der einzelnen Objekte bereits angesprochen, sollen im folgenden kurz zusammengefaßt werden.

Lage

Das Idealkonzept einer freien, von Stadt und Landschaft abgehobenen Lage, das dem Residenzschloß zugrunde lag, versucht auch das Palasthotel nach Möglichkeit zu verwirklichen. Umgebende Freiflächen sind wie beim historischen Vorbild Bestandteil der angestrebten Wirkung, die architektonische Form effektvoll zu steigern und den exklusiven Status des Gebäudes zu betonen. Abweichungen vom Idealtypus resultieren aus der Zuordnung zu städtebaulichen und landschaftlichen Gegebenheiten. Ungeachtet der Zuordnung – ob zu einer Weltstadt, einem Thermal- oder Seebad oder einer landschaftlichen Situation – ist eines allen palastartigen Hotelbauten gemeinsam – der Standort mußte von höchstmöglicher Attraktivität sein.

In den Weltstädten erforderten attraktive zentrale Lagen die Einbindung in die bereits bestehende bauliche Situation; das ringsum freistehende Gebäude kommt im besten Falle als Baublock umgeben von Straßenzügen vor, z. B. »Kaiserhof«, Berlin, »Grand Hotel«, Paris. Hohe Grundstückspreise und Bauvorschriften verhinderten auch an neu geschaffenen Prachtstraßen, etwa in Wien und Paris, den freistehenden Baukomplex. Entscheidender war der Prestigewert dieser Straßenzüge.

Die Einfügung in eine schon bestehende bauliche Struktur ist auch bei großen traditionsreichen Kurorten festzustellen. Die geschätzte Nähe zu den Kuranlagen ließ regelrechte Hotelstraßen entstehen. In der Summe und nahtlos aneinandergereiht, verloren die Hotels trotz prunkender Fassaden erheblich von ihrem palastartigen Charakter. Der Idee des Palasthotels widersprach diese Konzeption entschieden; das Ideal, in imposanten Beispielen verwirklicht, war das freiliegende Gebäude. In großen Park- oder Gartenanlagen, umfriedet mit Gittern und nur durch ein Portal zugänglich, schienen die Hotelpaläste unnahbar, wie das »Royal Palace« in Ostende, das »Gallia« in Cannes, das »Hotel du Palais« in Biarritz und das »Splendide« in Evian.

Denkmalhaft manifestiert sich schließlich die Idee dieses Bautypus in exponierten Höhenlagen. Als prunkvolle Höhenresidenzen beherrschten Hotelbauten, wie ihre historischen Vorbilder, optisch und ideell den jeweiligen Ort oder die umgebende Landschaft.

Beeindruckende Beispiele dieser Konzeption sind u. a. die oberhalb von Nizza gelegenen Hotels »Excelsior Regina« und »Impérial«, das »Riviera Palace« in Beausoleil, das »Splendide« und das »Royal« in Evian, das »Mirabeau« in Aix-les-Bains, das »Imperial« in Karlsbad und das großartige »Palace« in Caux mit seiner Fernwirkung weit über den Genfer See.

Außenbau

Größe des Baukörpers

Ein wesentliches Kennzeichen des palastartigen Hotelbaus ist seine Monumentalität. Zum Teil resultiert sie aus der Anlehnung an das fast verbindlich zu nennende Vorbild, den Schloß- bzw.

Palastbau in seiner reinsten Ausprägung als Residenzschloß. Der Rückgriff auf großangelegte Fassadengestaltungen bedingte ebenso eine gewisse Dimension wie die Übernahme eines aufwendigen Programms von Repräsentationsräumen im Innern.

Abgesehen von Stil- und Motivrezeption ist es vor allem die Idee, die in den monumentalen Formen zum Ausdruck gebracht werden sollte. Monumentalität, gesteigerter Prunk und großzügige Innenkonzeption sollten der Demonstration von Status, Reichtum und luxuriösem Lebensstil der Bewohner dienen.

Im Gegensatz zum fürstlichen Schloß mußte sich das Hotel jedoch finanziell selbst tragen bzw. Gewinn abwerfen. Rentabel wurde der architektonische Aufwand erst – selbst bei extrem hohen Aufenthaltspreisen – bei einer entsprechend hohen Anzahl von verfügbaren Gästezimmern. Sie konnte kaum unter 200 liegen und reichte bis zu 600 Räumen. Dies führte zu Dimensionen, die häufig über denen fürstlicher Residenzen lagen, insbesondere in der Höhenentwicklung.

Beginnend mit dem »Grand Hotel National« in Luzern von 1871, dem wohl ersten monumentalen palastartigen Hotelbau, findet die Tendenz zu gesteigerten Dimensionen gut zehn Jahre später im Bau des »Maloja Palace Hotel« einen bis zur Jahrhundertwende nicht mehr übertroffenen Höhepunkt.

Bis zu einer Länge von 150 Metern erstreckten sich die eleganten Fassaden der Rivierahotels »Excelsior Regina« und »Impérial« in Nizza und des »Riviera Palace« in Beausoleil. Repräsentativ unterstrichen wurden die teils gewaltigen Ausmaße durch die fast immer symmetrische Gliederung des Baukörpers.

Eine Tendenz zur gesteigerten Höhenentwicklung ist bei beengten Grundstücksverhältnissen in alpinen Orten zu beobachten; eine Höhe von ca. 50 Metern erreichen beispielsweise das »Grand Hotel de l'Europe« in Bad Gastein oder das »Grand Hotel« in St. Moritz. Bei der Projektierung derartiger Höhen dürfte der Gedanke, die Konkurrenz zumindest optisch zu übertreffen, einen nicht unwesentlichen Anteil gehabt haben.

Im Gegensatz zum Stadthotel, das seine Ausmaße nach Größe und Besucherzahl der Stadt richtete, resultiert das luxuriöse Großhotel der Kurorte nicht allein aus der Höhe der Besucherzahl des jeweiligen Ortes, sondern aus deren Zusammensetzung. Luxusorte wie St. Moritz oder Montreux/Caux besaßen eine Konzentration aufwendiger Hotelpaläste, wie sie in den am stärksten frequentierten Kurorten Europas, beispielsweise Vichy, Wiesbaden oder Karlsbad in der Ausprägung nicht zutage traten.

Form des Baukörpers

Der querrechteckige, axialsymmetrische Einflügelbau ist die am häufigsten anzutreffende Anlageform bei freiliegenden Grundstücken. Die Gliederung des Baukörpers folgt fast immer der Repräsentationsform der Symmetrie. Besonders beliebt ist die barocke Dreiergliederung, wobei Mittelrisalit und Seitenrisalite kräftig hervorgehoben sind, häufig zu eigenen Baukörpern verselbständigt. Ein nicht nur gestalterischer Planungsgedanke; die gesteigerte Gebäudetiefe in den Risaliten erlaubte die Einrichtung großzügiger Appartements. In der Dachzone sind die Risalite oft durch kurvierte oder flächenbegrenzte Kuppeln pavillonartig herausgehoben.

Angefangen beim »Grand Hotel National« in Luzern zählen zu diesem Anlagetypus besonders eindrucksvolle Beispiele der Hotelarchitektur: das »Splendide« in Evian, das »Impérial« in Nizza, das »Grand Hotel« in Caux, das »Grand Hotel« in Territet, das »Grand Hotel des Thermes« in Bagnoles-de-l'Orne und das »Grand Hotel« in St. Moritz.

Das Konzept der Gliederung in drei Risalite wird bis zum Ersten Weltkrieg immer wieder aufgenommen, häufig in der Dachzone variiert, wie beim »Royal Savoy« in Lausanne, beim »Gallia« in Cannes, bei dem die Mittelkuppel durch zwei einen Giebel flankierende Türme ersetzt ist, oder beim »Royal« in Evian mit seinen extravaganten Dachaufbauten.

Meist von geringerer Längsausdehnung sind die querrechteckigen Baukörper, die entweder nur seitliche Risalitbetonung aufweisen wie das »Palace« in Trouville und der Annexbau des »Beau Rivage Palace« in Lausanne, bzw. nur den mittleren Teil pavillonartig betonen, etwa das »Grand Hotel Terrasse« in Engelberg[223] oder das »Eskualduna« in Hendaye.

Abb. 120

Bei sehr langgestreckten Anlagen wie dem »Imperial« in Karlsbad oder dem »Royal« in Evian sind im stumpfen Winkel zur Achse des querrechteckigen Hauptgebäudes Seitenflügel angesetzt. So eindrucksvoll Saalfolgen durch axiale Anordnung über große Längen zur Geltung gebracht werden können, so nachteilig wirkt sich diese Längenausdehnung auf die Flure in den Obergeschossen aus. Die Brechung der Längsachse, etwa beim »Imperial« in Karlsbad, verkürzt optisch die Endlosigkeit der Verkehrswege. Vor den Haupttreppen sind die Flure großzügig erweitert, wobei die Drehpunkte

Abb. 121

223 Erbaut 1905, Z. IHV Nr. 27, 1905, S. 2.

Abb. 120 ENGELBERG, Grand Hotel Terrasse, 1905.

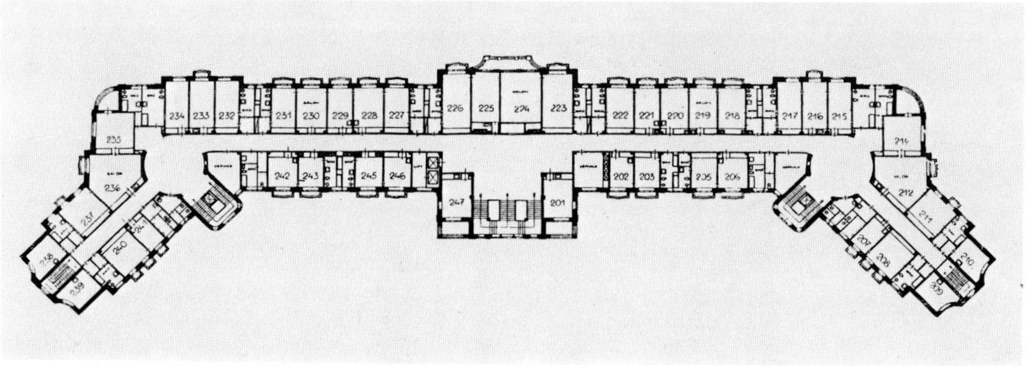

Abb. 121 KARLSBAD, Hotel Imperial, Grundriß 2. Obergeschoß.

der Flügel effektvoll als nahezu kreisrunde Räume gestaltet sind.

Höhenhotels mit dominierender horizontaler Erstreckung geben die starre Längsachse häufig auf; neben gestalterischen Gesichtspunkten dürften wesentlich die topographischen Gegebenheiten in die Planung mit einbezogen worden sein. Beispielsweise weichen das »Palace« in Caux, das »Majestic Palace« und das »Excelsior Regina« in Nizza und das »Grand Hotel du Cap« auf dem Cap Martin von ihrer Längsachse zugunsten der vorgegebenen Topographie ab.

Zweiflügelanlagen, die einen rechten Winkel umschließen, sind seltener – ein Beispiel ist das freigelegene »Regina Bernascon« in Aix-les-Bains. Oft bedingen städtebauliche Strukturen, etwa ein Eckgrundstück, diesen Anlagetypus. Aufwendige Ecklösungen kennzeichnen diese Gebäude; so das »Negresco« und das »Ruhl« in Nizza oder das »Sarciron Rainaldy« in Le Mont-Dore.

Dreiflügelanlagen mit cour d'honneur blieben die Ausnahme; zu ihnen zählen mit Einschränkungen der »Frankfurter Hof« in Frankfurt, das »Hotel du Palais« in Biarritz und das »Maloja Palace« in Maloja. Am deutlichsten vertritt der »Frankfurter Hof« das traditio- *Abb. 12*
nelle Konzept einer cour d'honneur, wenngleich sich der Hauptzugang nicht vom Hof erschließt, sondern von der Seite. Um die Ruhe der hofseitigen Zimmer zu gewährleisten, war der Zugang vom Vorhof nur bei festlichen Anlässen möglich. Konzipiert war die Saalfolge allerdings auf diese

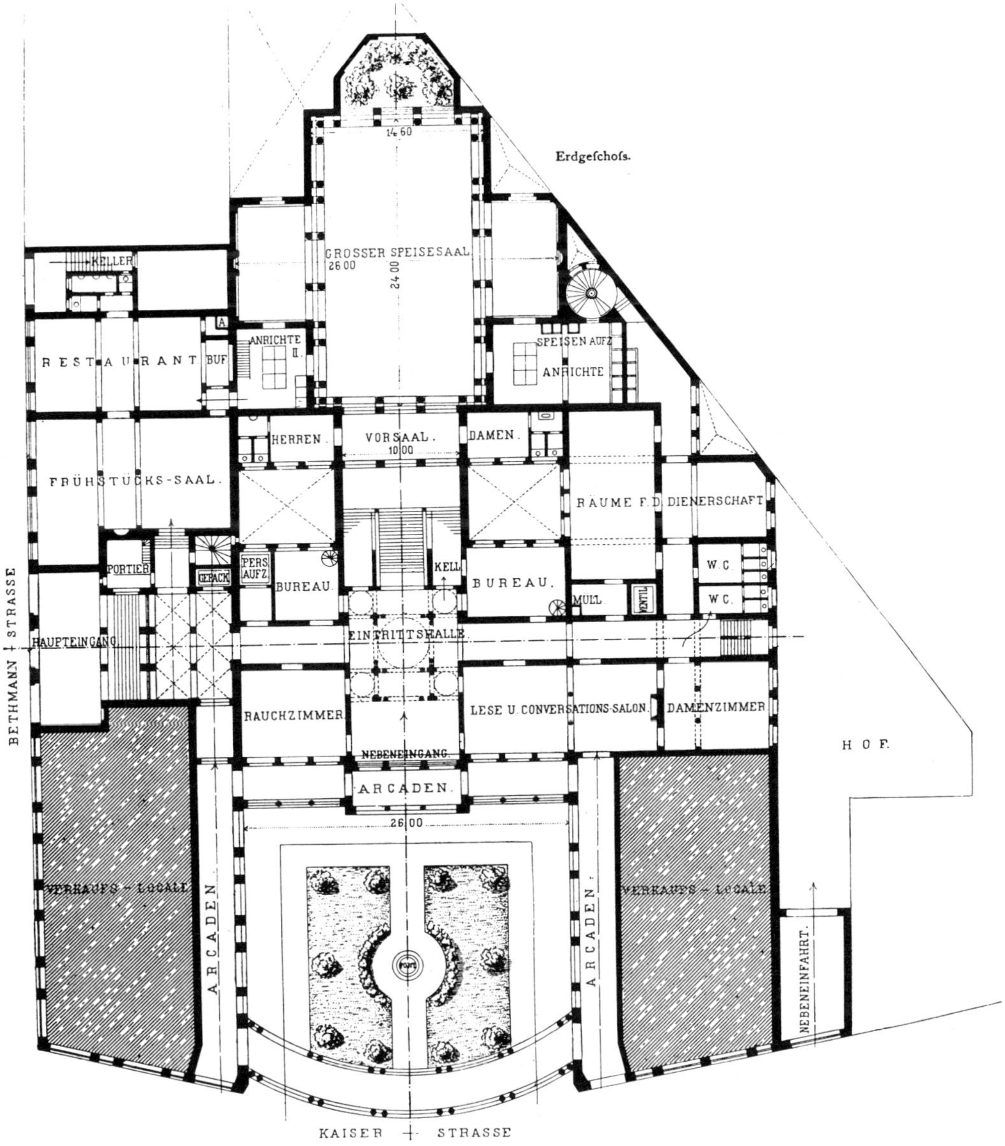

Abb. 122 FRANKFURT, Hotel Frankfurter Hof, Erdgeschoß-Grundriß.

Eingangssituation. Durch die Arkaden in der Mittelachse gelangte man in die Eintrittshalle und von dort über den Mittellauf der Repräsentationstreppe in den Vorsaal; eine zeremonielle Wegführung nach barocker Manier. Durch breite Flügeltüren erschloß sich dann der kreuzförmige Speisesaal und der axial angeschlossene Wintergarten.

Häufig werden die Eckrisalite längsorientierter Bauten zu kurzen Flügeln erweitert. Diese Lösung bietet den Vorteil, dem Gebäude statt schmaler Stirnseiten zwei zusätzlich repräsentative Ansichten zu verleihen und die Dimensionen optisch zu steigern. Gleichzeitig wird die meist einfach gehaltene Rückfront den direkten Blicken entzogen; der Kontrast zur üppigen Schauseite wird weniger augenfällig. Diese Diskrepanz von prunkvollen Schaufassaden und schlichten zum Hof gewandten Fronten unterscheidet späte Dreiflügelanlagen von ihren Vorgängern und vom barocken Schloßvorbild. Die repräsentative, der Vorfahrt dienende cour d'honneur gerät zum Wirtschaftshof, an dem vorzugsweise Dienerzimmer, Nebenräume und -eingänge placiert werden.

Freistehende Vierflügelanlagen finden sich fast ausnahmslos in dichtbebauten städtischen Zentren. Als Beispiele seien der »Kaiserhof« in Berlin, das »Regina Palast« in München, das »Austria« in Wien oder auch das »Negresco« in Nizza genannt. Während der Berliner »Kaiserhof« ähnlich dem »Frankfurter Hof« die Gesellschaftsräume auf die Eingangsachse bezieht, bei zunehmender Raumsteigerung, – von der Vorhalle über Eintrittshalle und Vorsaal zum Speisesaal an der Gebäuderückseite – ist dieses traditionelle Dispositionsschema beim »Regina Palast« in München aufgegeben. Repräsentativer Mittelpunkt ist die 300 qm große Halle, hier Palmen-Foyer genannt. In der Mittelachse durch das Vestibül erschlossen, öffnet sie sich zur rechten Seite zum Speisesaal, an den sich zwei weitere Salons anschließen, zur linken Seite liegen Restaurant und Cafe. Beide Raumfolgen beziehen sich auf eigene, zur Mittelachse parallel verlaufende Achsen.

Auf die Vielfältigkeit der Baukörperformen in den Großstädten, die in erster Linie durch die Grundstücksverhältnisse und die vorhandene bauliche Struktur bestimmt wurde, kann hier nicht näher eingegangen werden. Ein Merkmal charakterisiert die in ihrer Anlage oft komplizierten Stadthotels: der Lichthof bzw. mehrere Lichthöfe.

Um die Belichtung zu gewährleisten, waren beim »Boarding Palast« in Berlin drei große Lichthöfe erforderlich. Häufig anzutreffen war der Grundrißtypus mit einem großen Lichthof und mehreren kleinen Lichtschächten, an denen Treppenhäuser, Wirtschaftsräume und Bediensteten-Zimmer lagen. Er setzte jedoch schon freiere Grundstücksverhältnisse voraus. Der große Hof diente ursprünglich zur Einfahrt und zum Aufenthalt von Wagen, beispielsweise noch beim 1878
Abb. 123 erbauten »Grand Hotel Continental« in Paris. Die zunehmende Verlagerung des Reiseverkehrs auf die Eisenbahn bedingte eine Nutzungsänderung der großen Innenhöfe, die anzustreben sowieso im Interesse der vornehmen Hotels lag, da die ein- und ausfahrenden Wagen erhebliche Geräuschbelästigungen mit sich brachten. Im letzten Viertel des 19. Jahrhunderts wurden die Innenhöfe von vornherein als Gärten oder überdeckt, als Teil der Gesellschaftsräume, geplant.

Mit 670 qm übertraf der glasgedeckte Haupthof des »Grand Hotel« in Paris alle vergleichbaren Anlagen in Europa. Der allseitig

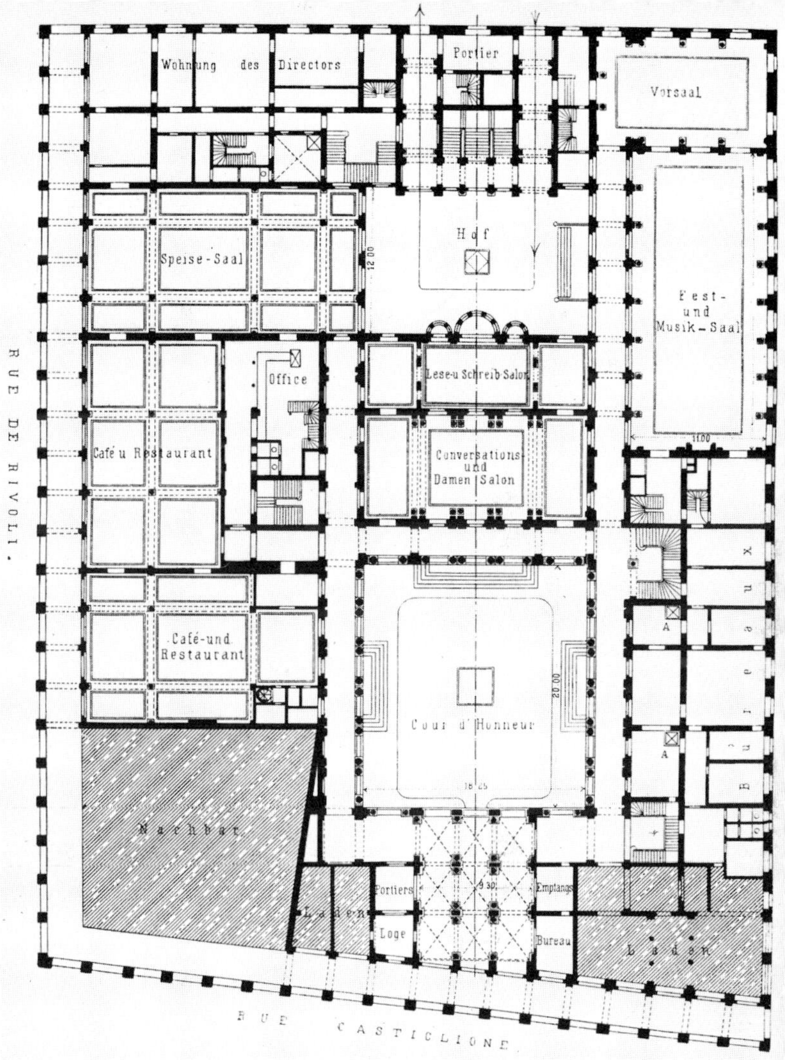

Abb. 123 PARIS, Grand Hotel Continental, Erdgeschoß-Grundriß.

geschlossene Hof des »Grand Hotel« in Wien hatte 300 qm, der des »Hotel Kaiserhof« in Berlin 330 qm und der des »Grand Hotel Continental« in Paris 365 qm[224].
Mit kunstvollen Glaskonstruktionen überdacht, boten sich die Innenhöfe zur Einrichtung von Abb. 124

224 Hdb. d. Architektur, 1885, S. 193.

Abb. 124 PARIS, Grand Hotel, ehemaliges Cafe/Restaurant im Lichthof, heute als Halle genutzt.

Wintergärten und sogenannten Palmenfoyers an. Häufig kam ihnen innerhalb der Gesellschaftsräume die zentrale Stelle zu. Waren mehrere Geschosse unter das Glasdach einbezogen, konnte eine besonders repräsentative und großzügige Wirkung erzielt
Abb. 125 werden wie beim »Kaiserhof« in Berlin. Hier setzte die Glaskuppel erst oberhalb des dritten Geschosses an. Die Seitenwände öffneten sich als Arkaden, reich ornamentiert und mit üppigem Pflanzenschmuck versehen, zu einem hohen und hellen Saal mit direktem Einblick und Zugang in die Gesellschaftsräume und Speisesäle.

Eine interessante, selten durchgeführte Lösung stellen halbrunde Baukörper dar, die jedoch nicht selbständig stehen, sondern Teil eines Gebäudekomplexes sind. Erstmals ist diese Form bei der Erweiterung des »Hotel de

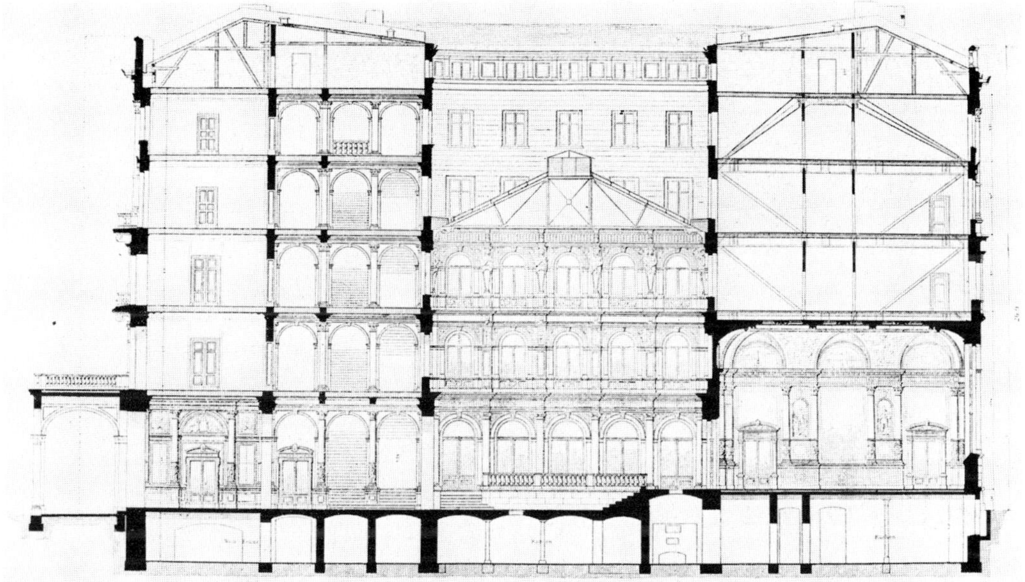

Abb. 125 BERLIN, Hotel Kaiserhof, Querschnitt, in der Mitte dreigeschossiger überdachter Lichthof.

Paris« in Monte Carlo anzutreffen, ein weiteres Mal taucht sie beim »Grand Hotel Bellevue« in Westende auf.

Die Symmetrie, ein fast verbindlich zu nennendes Gestaltungsmittel, wird nach Möglichkeit auch bei Erweiterungen eingehalten. Ihr entsprechen meist auch die vorgelagerten Bauteile wie Terrassen, Freitreppen und Balkone. Ist der Neubau optisch nicht vom Hauptbau abgesetzt, werden Ursprungs- und Erweiterungsbau häufig unter einer dem Zeitgeschmack entsprechend neu gestalteten Fassade zusammengefaßt.

Unumgänglich wird die einheitliche Fassade bei Aufstockungen. Hierbei bot sich gleichzeitig die Gelegenheit einer modischen Veränderung der Dachzone. Beipielsweise applizierte man an den ehemals schlichten Bau des »Grand Hotel et des Iles Borromées«[225] in Stresa im Zuge der Aufstockung um drei Etagen nicht nur üppigen Dekor, sondern versah den Bau auch mit einer Kuppel. *Abb. 126*

Die Dachzone als selbständiges Bauelement wird zu einem unübersehbaren Charakteristi-

225 Der Umbau war 1913 beendet. Z. IHV Nr. 11, 1913, S. 13.

Abb. 126 STRESA, Grand Hotel et des Iles Borromées, Zustand nach dem Umbau von 1913.

kum dieses Bautypus. Beim »National« in Luzern noch zum Gesamtbau proportioniert, mit mäßig hohen flächenbegrenzten Kuppeln über den Risaliten, kennzeichnet viele der späteren Beispiele eine gewisse Kopflastigkeit durch überdimensionierte Mansarddächer, kurvierte und flächenbegrenzte Kuppeln, denen ein Tambour, bekrönende Laternenaufsätze, Firstgitter und der obligate Fahnenschmuck zusätzliche Höhe verleihen.

Vorbild für die steilen Dachaufbauten war, wie auch bei anderen Motiven, der französische Schloßbau des 16./17. Jahrhunderts bzw. seine Wiederbelebung durch Visconti im 1852 begonnenen Pavillon Turgot des Louvre. Die Beliebtheit des Kuppelmotivs ist sicher im hohen assoziativen Charakter zu sehen. Der Repräsentationswert der monumentalen Dachaufbauten nach außen verband sich zudem mit einem Funktionswert im Innern; die Hohlräume wurden intensiv für Personalzimmer genutzt.

Die flache Eindeckung findet sich entweder bei den noch klassi-

zistisch inspirierten Bauten oder in der Spätzeit bei den Projekten, die sich von den prunkenden architektonischen Historismen absetzen. Durchgängig konnte sie sich neben den üppigen Dachzonen in den südlichen Teilen des Untersuchungsgebietes behaupten, etwa im Tessin und teilweie auch an der Côte d'Azur, vor allem aber im benachbarten Italien. Bemerkenswerte oberitalienische Beispiele sind u. a. das
bb. 127 »Grand Hotel Plinius« in Como, das »Grand Hotel Villa d'Este« in Cernobbio oder das »Hotel
bb. 128 Angst« in Bordighera[226]. Die Tendenz zur aufwendigen Dachgestaltung zeichnet sich aber im letzten Jahrzehnt vor dem Ersten Weltkrieg auch in Oberitalien ab. Mit einer voluminösen Kuppel versehen präsentiert sich das »Grand Hotel et des Iles Borromées« in Stresa nach dem Umbau von 1913[227] oder das 1908 ebenfalls in Stresa errichtete »Regina Palace Hotel«[228].

226 »Hotel Angst« 1898 eröffnet; Z. IHV Nr. 53, 1898. »Grand Hotel Plinius« 1899 neu; *Baedeker,* Italie Septentrionale, 1899, S. 96.
227 Z. IHV Nr. 11, 1913, S. 13.
228 Juni 1908 eröffnet. Z. IHV Nr. 13, S. 4, u. Nr. 27, 1908, S. 2

Abb. 127 COMO, Grand Hotel Plinius, 1898, Gebäude 1980 in Renovation.

Abb. 128 BORDIGHERA, Hotel Angst, 1898.

Stil und Vorbild

Eine stilistisch-typologische Analyse der einzelnen Hotelbauten ist aufgrund der Vielzahl der Objekte und der Vielfältigkeit des Erscheinungsbildes im Rahmen dieser Untersuchung nicht zu erbringen. Die Komplexität des Einzelbauwerks, die sich einer Stilbenennung häufig entzieht, bedürfte in den meisten Fällen einer monographischen Behandlung. Zum allgemeinen Verständnis dieses Bautypus erscheint das Hervorheben stilistischer Vorbilder und Einflüsse in ihrer Tendenz jedoch ebenso notwendig, wie die Betonung der architektonischen Eigenleistungen.

Der etwa im letzten Drittel des 19. Jahrhunderts allgemein einsetzende Stilpluralismus macht sich in hohem Maße im Hotelbau bemerkbar. Abweichend vom zeitgleichen Schloß- oder Villenbau, der auf die verschiedensten Stilepochen zurückgreift, konzentriert sich der palastartige Hotelbau stilistisch-typologisch weitgehend auf ein Vorbild, den Palastbau der italienischen Renaissance und des französischen Barock. Prunkvolle Übersteigerungen der adaptierten Bauformen, Architekturelemente und Dekorationsmotive werden zum Charakteristikum. Eine Übersteigerung und zugleich Umsetzung, die zu großartigen eigenständigen Neuschöpfungen führt.

Den Beginn dieser Entwicklung markiert anschaulich das bereits mehrfach zitierte »National« in Luzern von 1871. Sowohl in den Ausmaßen, als auch in der Fassadengestaltung setzt sich das »National« von den klassizistischen bzw. spätklassizistischen Hotelbauten der vorangegangenen Jahrzehnte ab, wie dem »Hotel des Bergues« (1830/34) in Genf, dem »Baur en Ville« (1838) und dem »Baur au Lac« (1844) in Zürich, dem »Schweizerhof« (1846) in Luzern oder dem »Trois Couronnes« (1843) in Vevey.

Mit seiner strengen Anlehnung an den französischen Palastbau, insbesondere in der horizontalen Gliederung aus Sockelgeschoß einschließlich Mezzanin, Hauptgeschoß mit Kolossalordnung und abschließendem Attikageschoß, konnte es den Funktionen eines Hotels nicht ganz gerecht werden. Dem Konzept des »National« folgen zwar viele spätere Hotelbauten, steigende Zimmerkapazitäten erforderten jedoch mehrere Hauptgeschosse und zwangen frühzeitig zur Aufgabe der beim »National« angewandten horizontalen Gliederung. Verbindlich blieben dagegen die symmetrische Risalitgliederung, die steile und hohe Dachzone sowie die Dekorationsformen.

Das Vokabular romanischer Bauformen fand im palastartigen Hotelbau zu keiner Zeit seinen Niederschlag. Auch gotische Stilelemente schienen für eine derartige Repräsentationsarchitektur ungeeignet. Lediglich der erste, bescheidene Bau des »Kurhaus Hotel« in Bad Neuenahr und das »Vier Jahreszeiten« in München bedienen sich gotisierender Formen, wobei letzteres seine Fassadengestaltung dem für die gesamte Ludwigstraße verbindlichen Rundbogenstil verdankt. Beide Bauten entstanden vor der etwa 1870 einsetzenden Monumentalisierung mit ihrer Hinwendung zur historischen Säulenarchitektur.

Zu einem beliebten Gestaltungsmittel wird das Formenrepertoire der italienischen Hochrenaissance. Nachwirkungen sind noch an späten Bauten wie dem »Atlantic« (1909) in Hamburg, dem »Imperial« (1912) in

Abb. 129 WIEN, Hotel Meissl & Schadn, 1896, im Krieg zerstört.

Karlsbad, oder dem »in den Formen der Florentiner oder Genueser Renaissance«[229] gehaltenen »Regina Palast« (1908) in München zu erkennen.

Wenig Anklang fanden Renaissanceformen deutscher Prägung. Ihr assoziativer Charakter zum bürgerlichen Verwaltungs- und Wohnbau kam der feudalen Orientierung des Palastbaus kaum entgegen. Den »höchst malerischen Eindruck«, den das im »deutschen Renaissancestyl« gehaltene »Hotel Alexanderplatz« (1883) in Berlin auf einen zeitgenössischen Betrachter machte[230], vermitteln die Fassaden vieler Hotelbauten der siebziger und achtziger Jahre. Als ausgeprägtes Beispiel dieser »altdeutschen« Gestaltung kann das Hotel
Abb. 129 »Meissl & Schadn« (1896)[231] in Wien gelten. Malerische Kleinteiligkeit widersprach jedoch dem Repräsentationsbedürfnis der großen internationalen Hotelbauten. Ihre Konzeption beruhte auf Symmetrie und einem an historischer Palastarchitektur orientierten Formenvokabular mit einer besonderen Affinität zum Barocken im späten Historismus. Die starke Auflösung und Betonung der Dachzone, die Verselbständigung einzelner Bauteile, die plastische Durchgliederung der Fassaden bei gleichzeitiger Steigerung des dekorativen Reichtums sind charakteristische Stilmerkmale der palastartigen Hotelarchitektur. Sie kennzeichnen beeindruckende Beispiele wie das »Beau Rivage Palace« in Lausanne, das »Montreux Palace«, das »Impérial« und das »Excelsior Regina« in Nizza und finden noch bei späten Bauten wie dem »Negresco« in Nizza oder dem »Carlton« in Cannes Anwendung.

Assoziiert man mit der Vorstellung von einem Palasthotel des fin-de-siècle Begriffe wie Pomp, Kulisse, Luxus, Exklusivität und Prachtentfaltung, so sind es gerade diese neobarock geprägten Hotelbauten, die dies anschaulich verkörpern. Gestaltungsprinzipien des Jugendstils tauchen am Außenbau der Großhotels nur in Anklängen auf; in erster Linie im Dekor, häufig mit

229 Der Profanbau, Nr. 17, 1908, S. 205.
230 Baugewerks-Ztg. 16, 1884, S. 891;
231 *R. Wagner-Rieger*, Wiens Architektur im 19. Jahrhundert, S. 254.

Abb. 130 LUZERN, Palace Hotel, 1904/06, Mittelrisalit, Zustand 1979.

neobarocken Motiven verbunden, Abb. 130 wie am »Palace« in Luzern. Mit gewaltigem formalem Aufwand Abb. 131 vereint das »Grand Hotel« (um 1910) in Rimini barocke Elemente mit Jugendstilornamentik, konzentriert in der oberen Gebäudezone, während die Fassade des Abb. 132 »Hotel Goldener Löwe« (1906)[232] in Reichenberg weniger plastisch durchgegliedert ist, jedoch Jugendstildekor in einem Maße zeigt, wie kaum ein anderes Gebäude innerhalb dieser Reihe.

Dem Bedürfnis nach Prunk kamen neue Stilrichtungen mit ihrer Abkehr von der Ornamentik kaum entgegen. Wurde schon der Jugendstil nur in einer mehr barocken Umsetzung akzeptiert, finden die schlichten Formen des Neoklassizismus außerhalb der Großstädte in Frankreich und der Schweiz wenig Anklang. Zwar prägen sie beispielsweise die fast ornamentlose, elegant proportionierte Fassade des »Palace« in Trouville; in der Gesamtkonzeption bleibt der Bau dem traditionellen Hotelpalast verhaftet. Ein-

232 60 Jahre IHV, S. 172.

Abb. 131 RIMINI, Grand Hotel, um 1910.

Abb. 132 REICHENBERG (Liberec), Hotel Goldener Löwe, 1906.

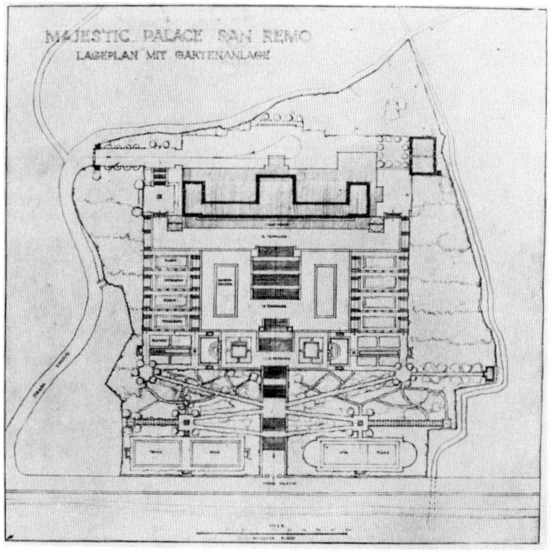

Abb. 133 SAN REMO, Riviera Majestic Palace Hotel, Lageplan, Projekt von P. Behrens.

zig das »Grand Hotel Bellevue« in Westende (1911) löst sich sowohl in der Wahl der Baukörperform als auch in der Fassadengestaltung völlig von konventionellen Architekturvorstellungen.

Waren im 19. Jahrhundert noch einige Großhotels von Architekten geplant, die einen gewissen Bekanntheitsgrad erreichten, so blieben auf dem Höhepunkt der Bautätigkeit zwischen 1900 und 1914 die planenden Architekten oft anonym, vor allem diejenigen, die nicht in Großstädten tätig wurden.

Von den führenden Vertretern neuer Stilrichtungen war vor 1914 Peter Behrens wohl der einzige, der sich auf dem Gebiet des palastartigen Hotelbaus planend engagierte. Etwa zur gleichen Zeit, als in Nizza die mit Dekor prunkenden Hotelpaläste »Negresco« und »Ruhl« entstanden, projektierte Behrens das gewaltige »Riviera Majestic Palace Hotel« in San Remo, dessen Ausführung nur durch die Ereignisse von 1914 verhindert wurde.

Abb. 133 Abb. 134

Streng symmetrisch und in konsequenter Ornamentlosigkeit erstreckte sich der von Behrens projektierte Baukörper über eine Länge von 150 Metern[233]. Strahlte die Südfassade schon feierlichen Ernst aus, distanziert auf einer dreifach gestuften Terrasse denkmalhaft erhöht und reichlich versehen mit Attributen des Tempelbaus, so wirkte die unverhüllte Monumentalität der Nordfassade abweisend und wenig einladend.

Symmetrie und Monumentalität sind immer auch wesentliche Kennzeichen der Historismus-Hotelpaläste; mögen sie aber noch so überladen sein mit allen Attributen einer Repräsentationsarchitektur, feierlich düstere Pathetik hatten sie nie zum Ziel;

233 *Franz Servaes*, Das Kurhotel der Zukunft. Ein Bauplan von Peter Behrens, in: Bildende Künste, Wiener Monatshefte vereinigt, 1, 1916/18, S. 41–57.

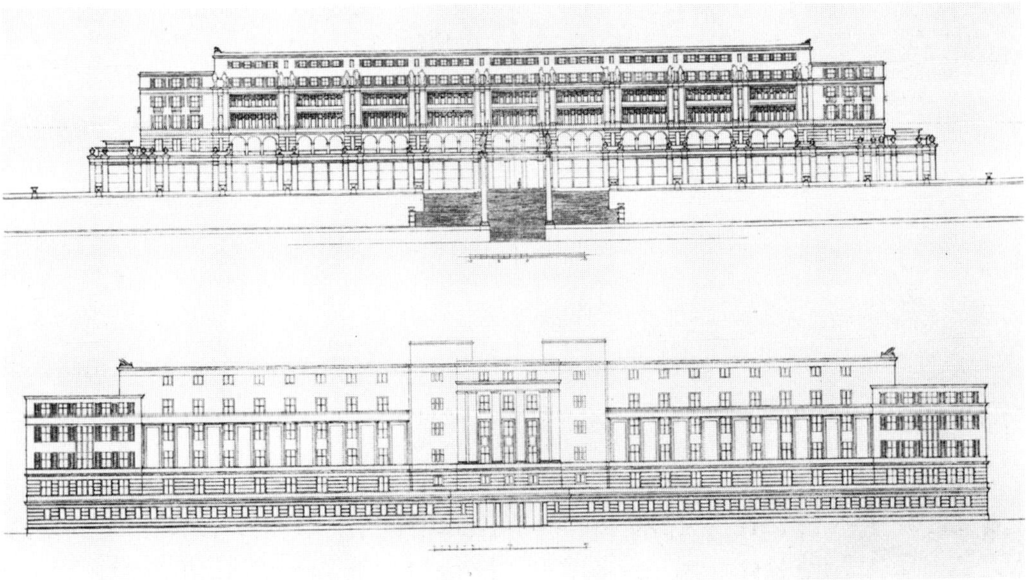

Abb. 134 SAN REMO, Riviera Majestic Palace Hotel, Süd- und Nordfassade.

zumal an der Riviera, die als Inbegriff für unbeschwertes und müßiges Leben galt.

Verglichen mit manch anderen Bauaufgaben des 19. Jahrhunderts, die sich den veränderten architektonischen Vorstellungen der zwanziger Jahre mehr oder weniger anpaßten, blieb der palastartige Hotelbau dem traditionellen Konzept verhaftet. Selbst an der Fassade kaum ablesbar, ist die zeitliche Differenz beim »Grand Hotel« (1927)[234] in Zoppot mit seiner Risaliteinteilung und voluminösen Kuppel oder beim »Hermitage« (1925/26) in La Baule[235].

Die tradierte Vorstellung bestimmte weiterhin das Aussehen: als »Das Schloß am Meer« bezeichnete sich das »Grand Hotel« in Zoppot[236]. Versehen mit Kolossalordnung, Rustika und barockisierender Ornamentik wird 1929/30 das »l'Hermitage Hotel«[237] in Le Touquet von dem Architekten Hoyez mehr neu- als umgebaut.

Zu den beiden im »normannischen Stil« errichteten Luxushotels »Royal« und »Normandy« in Deauville entstand nach Plänen von G. Wybo 1925 ein drittes, das »New Golf Hotel«[238], das mit einer unkonventionellen Erdgeschoßzone versehen, im weiteren Aufbau kleinteiliges Verblendfachwerk zeigt.

Nur auf die oberste Etage und die Giebelfelder konzentrierte sich das Verblendfachwerk beim »Hotel Miramar« (1926/27)[239] in Biarritz, dessen relativ schlichte Fassade über Marmorsäulen und vergoldete Ornamentik im Innern hinwegtäuschte. Auch an der Côte d'Azur können sich nochmals zwei Hotelpaläste etablieren, das »Majestic« (1926) und das »Martinez« (1928), beide in Cannes, das als »station climatique de luxe« immer mehr in Mode kam. Beide nehmen jedoch nicht mehr die Dekorationsmotive der Historismus-Paläste auf.

234 Erbaut von Kloeppel.
Z. IHV Nr. 26, 1927, S. 444–445.
235 Vgl. Anm. 169.
236 60 Jahre IHV, S. 179.
237 Z. IHV Nr. 42, 1930, S. 1151–1154.
238 Monuments historiques 1, 1978, S. 5.
239 Z. IHV Nr. 45, 1926, S. 1163.

Zur Gestaltung der Gesellschaftsräume schreibt das Handbuch der Architektur 1885 »sie sollen einen gewissen Grad von solidem Luxus zeigen«[240]. Neben dem formalen Reichtum des Äußeren sind es gerade die Halle, die Salons und Säle, in denen die palastartige Gestaltung zum Ausdruck gebracht wird. Selbst Bauten mit reduziertem Fassadendekor entfalten im Inneren prunkvollen Formenreichtum wie das »Adlon« in Berlin. Die »außerordentlich glänzende Ausgestaltung der Prunkräume« beschreibt

Abb. 135

240 Hdb. d. Architektur, 1885, S. 196.

Abb. 135 BERLIN, Hotel Esplanade, 1907/08, Wintergarten, Hotel bis auf das östliche Vordergebäude zerstört.

u. a. M. Rapsilber in der Architekturzeitschrift »Der Profanbau«[241]. Sein Rundgang führt von der Portalvorhalle »wo auch das Gepäck durch einen Lift beseitigt wird« zu dem am Pariser Platz gelegenen »völlig mit Calacatta und Pavonazzo-Marmor« vertäfelten Saal, dessen besondere Zierde ein monumentales Marmorbuffet war. Die ebenfalls in kostbarem Marmor ausgeführte Halle »flutet in den Wintergarten über, der in grauem Napoleon ausgebaut ist« und weiter zur Flucht der Speisesäle »in ihrem klassischen Ausbau aus goldgleißendem Sykomorenholz«. Dem anschließenden Festsaal verleiht eine strenge Pilasterarchitektur momumentale Würde und festlichen Glanz, unterstrichen »durch die fein berechnete Marmorpracht des Skyros, zartgrünen Vert de Mer, Vert des Alpes und Campan mélangé«. Da »geschlossene Gardinen in einem Festsaal eine gewisse Ungemütlichkeit verursachen … wurden vor den Fenstern Kristallspiegelläden angeordnet, mit herrlichen Goldbronzebeschlägen«. Beschrieben werden ferner ein blauer Empfangssalon, ein grüner Empiresalon, ein Louis-Seize-Saal, einer im Regencestil, ein Empire-Saal etc.

Abseits des Hauptverkehrs führte die Bar ihr Schattendasein. Anders als in amerikanischen Hotels, in deren Raumprogramm der Bar als Treffpunkt für geschäftliche Besprechungen eine wichtige Rolle zukam, wurde diese Einrichtung in Deutschland nur zögernd übernommen. War die Bar des »Adlon« auch den direkten Blicken entzogen, so prunkte auch sie dem Stil des Hauses entsprechend mit einem kassettierten, altvergoldeten Tonnengewölbe und einer Vertäfelung »aus einem rötlich schimmernden seltenen ostindischen Holz, Vicado genannt«[242].

Merkmale der Grundrißgestaltung sind das Repräsentations-Treppenhaus, die zu einer Enfilade angeordneten Gesellschaftsräume und großzügige, reichornamentierte Speise- und Festsäle. Wie beim Schloßbau zielte das Baukonzept auf große Achsenwirkung mit weiten Durchblicken und Perspektiven; Spiegel,

241 *M. Rapsilber,* Das Hotel Adlon in Berlin, in: Der Profanbau, Nr. 23, 1907, S. 338–347.

242 Ebd. S. 345.

Kristallüster, Malereien und Stukkaturen verstärkten den Eindruck des Palastartigen.

Ein anspruchsvolles Hotel verfügte über: Vestibül, Halle, Konversations-, Lese-, Schreib-, Musik-, Rauch- und Spielsalons, Speise-, Frühstücks- und Restaurationssäle, Wintergarten und Veranden, bis hin zu einem Ball- und Theatersaal[243].

Die Gesellschaftsräume lagen durchweg im Eingangsgeschoß; eine Ausnahme bildeten manche Großstadthotels, deren Erdgeschoß teilweise von Ladenlokalen eingenommen wurde. Von der zentralen Halle, die sich an die Eingangs-Vorhalle anschließt, können die wichtigsten Räumlichkeiten zu einer der Eingangsachse folgenden Enfilade hintereinandergeschaltet sein; eine bei Groß-
bb. 136 stadthotels mit meist tiefen Grundstücken häufig angewandte Gruppierung. Bei freiliegenden
bb. 137 querrechteckigen Baukörpern folgen die Gesellschaftsräume im allgemeinen der Längsachse, links und rechts von der Eingangshalle abgehend. Der steigende architektonische Aufwand, insbesondere die zunehmenden Dimensionen – die Durchschnittshöhe eines Speisesaals wurde mit neun Metern veranschlagt – führte schließlich zu separaten Gebäudetrakten für den Saal oder die Saalgruppen.

Für die Anordnung und Größe der Gesellschaftsräume gab es kein feststehendes Konzept. Die Handbücher der Architektur geben zwar Richtlinien, verweisen aber auf die jeweiligen Gegebenheiten und Ansprüche, denen das Hotel genügen sollte. Abgesehen von den Personal- und Wirtschaftsräumen verlassen die Palasthotels meist sowieso jegliches Richtmaß.

Die Obergeschosse gleichen sich meist in der Anordnung der Gastzimmer. Eine Differenzierung nach Größe und Ausstattung konnte geschoßweise vorgenommen werden, nach oben abnehmend; durchgängig richtete sie sich nach der Attraktivität der Gebäudeseite. Die Appartements und komfortablen Zimmer lagen je nach Standort des Hotels zur
Straße, Meer-, See- oder Aus- *Abb. 138*
sichtsseite, die bescheideneren Zimmer zur Landseite, zu Innenhöfen oder Lichtschächten.

243 U. a. Hdb. d. Architektur, 1885; *E. Guyer*, Hotelwesen, 1874.

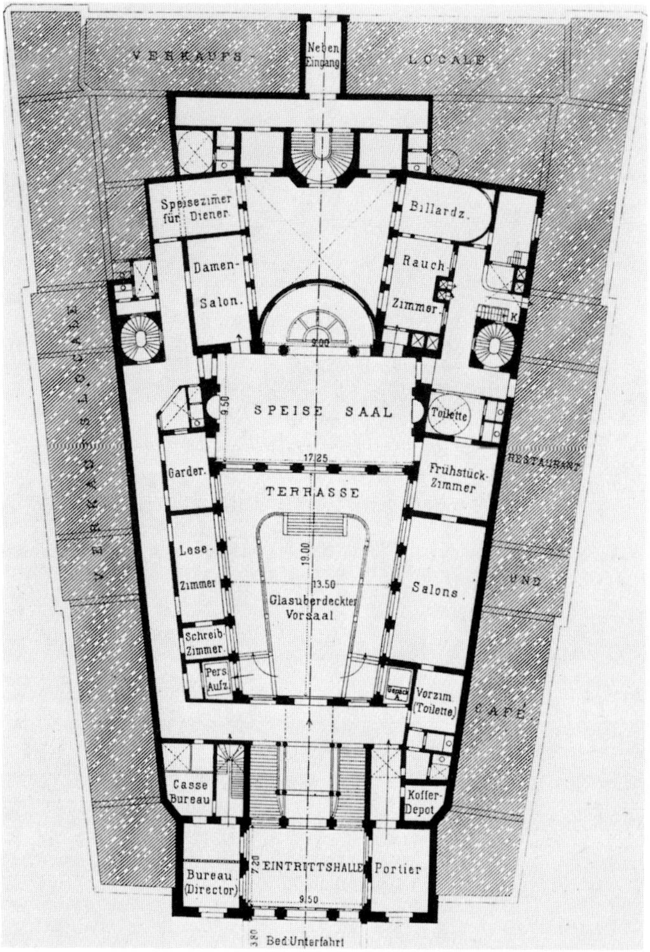

Abb. 136 WIEN, Hotel Metropole, Erdgeschoß-Grundriß.

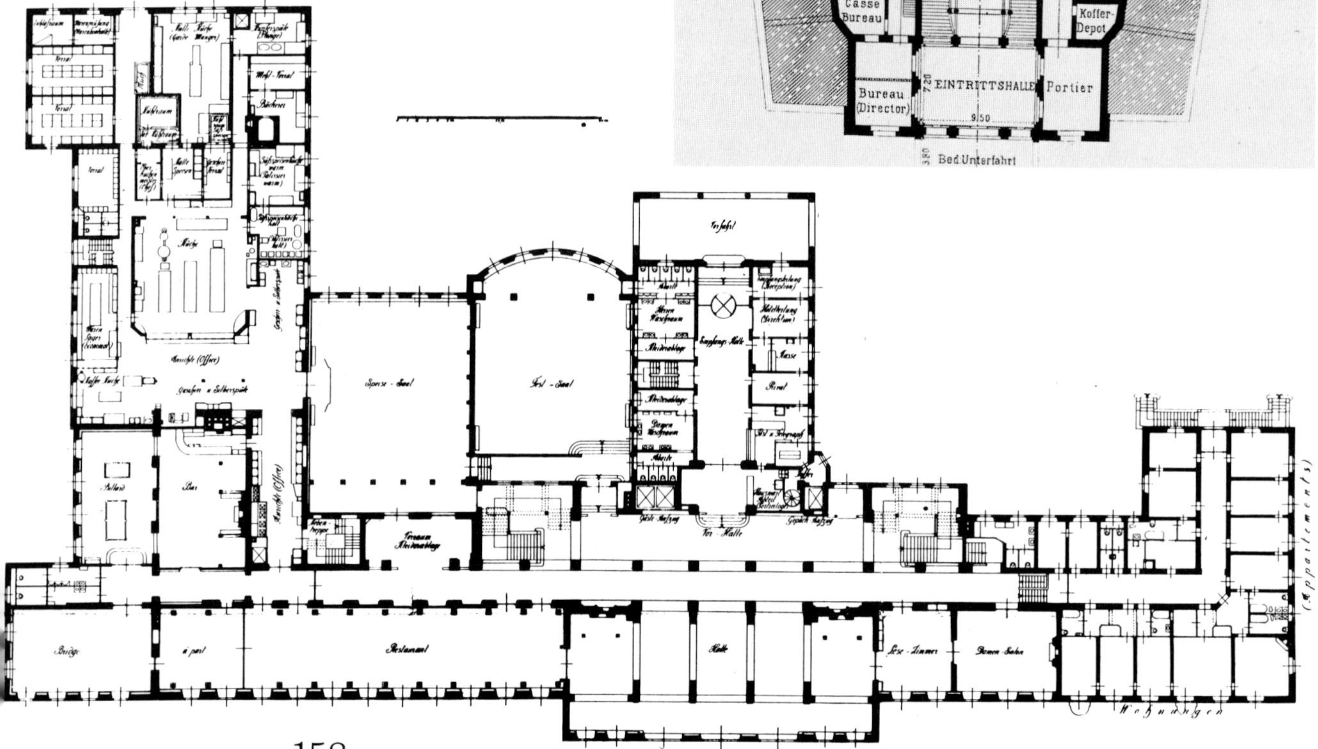

Abb. 137 ST. MORITZ, Hotel Suvretta House, Erdgeschoß-Grundriß, Säle und Wirtschaftsräume als Anbauten zum symmetrischen Haupttrakt.

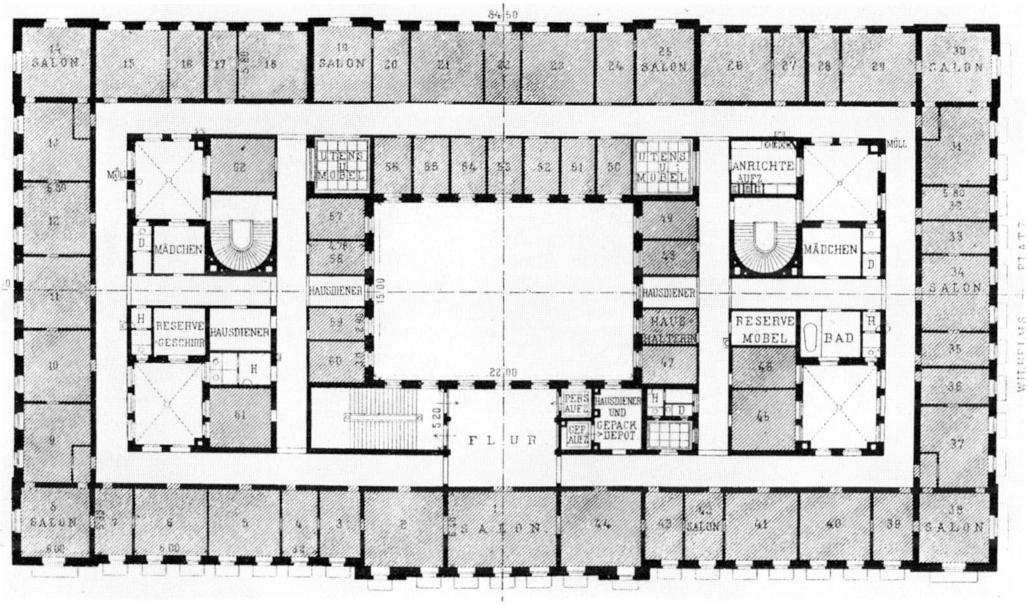

Abb. 138 BERLIN, Hotel Kaiserhof, Grundriß 2. Obergeschoß.

Nur wenige Luxushotels erlaubten sich den Aufwand, nur zu einer Längsseite Gastzimmer anzuordnen, wie das »Majestic Palace« in Nizza oder das »Riviera Palace« in Beausoleil, deren »Herrschaftszimmer« sämtlich nach Süden mit Blick auf das Meer gelegen waren. Diese Anordnung bot einen weiteren Vorzug; die direkte Belichtung der Korridore.

1885 veranschlagte das Handbuch der Architektur[244] die Größe eines Doppelzimmers in einem erstrangigen Etablissement mit ca. 35 qm. In der Ausführung steigerte sich dieses Maß bis zu 50 qm für ein Doppelzimmer ohne Salon. Untereinander waren die Zimmer fast immer durch Türen verbunden, um mehrere Zimmer, Salons und Bedienten-Räume zu einem großen Appartement zusammenfassen zu können. Wie die Gesellschaftsräume wurden auch die Schlafräume und privaten Salons der erstrangigen Häuser luxuriös ausgestattet. Im »Adlon« empfängt den Besucher »eine rauschende Musik von Formen und Farben und kostbaren Materialien; er schläft und frühstückt in Räumen, wie sie Ludwig

244 Hdb. d. Architektur, 1885, S. 179 ff.

XV. für seine Levée oder Napoleon für seine politischen Theaterakte brauchte«, vermerkt H. Schliepmann[245]. Das »Adlon« wurde zum Inbegriff eines Luxushotels der Kaiserzeit. Weniger luxuriös stand es nach heutigen Vorstellungen um die hygienischen Einrichtungen. Das »Adlon«, 1907 eröffnet, besaß bei 305 Zimmern mit 400 Betten insgesamt 140 Bäder. Mit dieser Relation dürfte es aber schon an erster Stelle in Deutschland gelegen haben. Das mit dem »Adlon« konkurrierende »Esplanade« konnte nach der Erweiterung, 1912, zwar schon in jedem Zimmer Telefon anbieten – für die 400 Gäste standen aber nur 102 Badezimmer zur Verfügung. Bei dem Bemühen dieser Häuser, den Ansprüchen der Gäste mit allem erdenklichen und kostspieligen Luxus zu genügen, war diese Konzeption weder ein Planungsmangel noch ein Kostenfaktor; sie ist das Resultat diesbezüglicher Gewohnheiten der Gäste. Dem Handbuch der Architektur von 1885 »genügt erfahrungsgemäß ein Badezimmer für 40 bis 50 Betten« bei einem erstrangigen Haus[246]. Erst mit der Übernahme amerikanischer Vorbilder entstehen kurz vor dem Ersten Weltkrieg einige Neubauten, deren Zimmer sämtlich mit Bädern ausgestattet sind, so das »Normandy« und »Royal« in Deauville und das »Negresco« in Nizza.

In den benachteiligten Gebäudeteilen wurden die Räume für mitreisende Dienerschaft der Gäste – bis zu einem Viertel der Gesamtzimmerzahl – sowie Schlafräume für das eigene Personal angelegt. Das Heer der Angestellten – komfortable Hotels beschäftigten pro Gast einen Angestellten – brachte man meist in den Dach-und Zwischengeschossen, seltener in separaten Gebäuden unter.

Die Raumverschwendung, ein Merkmal des angestrebten historischen Vorbildes, zeigte sich vor allem in der Planung der zahlreichen Gesellschaftsräume. Darüber hinaus konnten manche Hotels, den Wünschen ihrer Gäste entsprechend, noch mit zusätzlichen Einrichtungen auf-

245 *H. Schliepmann,* Palais Redern und Hotel Adlon, in: Berliner Architekturwelt, 11, 1909, S. 98.
246 Hdb. d. Architektur, 1885, S. 184.

warten. Der vorgesehene Aufenthalt Königin Victorias von England wurde bei der Planung des »Excelsior Regina« in Nizza bereits berücksichtigt. Es enthielt eine Hofkapelle, eine Polizeistation und ein besonderes Treppenhaus mit eigenem Eingang zu den Hofappartements, die in einem separaten, die Symmetrie empfindlich störenden Turm untergebracht wurden[247].

Das Hotel als geeigneter Rahmen für festliche Veranstaltungen wurde häufig den eigenen Räumlichkeiten vorgezogen. Bei der Planung der Festsäle des »Hotel Excelsior« (1904/06)[248] in Rom mußte ausdrücklich berücksichtigt werden, »daß in denselben die großen gesellschaftlichen Anlässe der Geburts- und Geld-Aristokratie, der Diplomatie usw., wie Bälle, Bankette, große Diners, Konferenzen etc. abgehalten werden können[249].

247 Z. IHV Nr. 21, 1926, S. 515.
248 Z. IHV Nr. 4, 1906, S. 2.
249 Das Excelsior-Hotel in Rom, Schweiz. Bauztg. 49, 1907, Nr. 10, S. 119.

Abb. 139 GENUA, Hotel Colombia, 1929, Teilansicht der Halle.

Eine wichtige gesellschaftliche Funktion kam auch noch den nach dem Ersten Weltkrieg entstandenen Luxushotels italienischer Großstädte zu; in der Tradierung historischer Gestaltungskonzepte versuchten sie dieser Bestimmung entgegenzukommen, etwa das »Hotel Colombia« (1929) in Genua. *Abb. 139*

Auch beherbergten vornehme Stadthotels manchmal Vereinigungen – vorausgesetzt, diese waren fein genug. So etablierte sich im »Grand Hotel« in Wien der Jockey-Club, im »Park Hotel« in Düsseldorf der Industrie-Club und im »Regina Palast Hotel« in München der Adels-Club in jeweils eigenen oder permanent reservierten Räumlichkeiten.

Widmen die zeitgenössischen Architekturberichte den Fassaden – wenn überhaupt – nur wenige Zeilen, so gehen sie häufig detailliert auf die Innengestaltung ein. Über den Speisesaal des von Karl Tietz erbauten »Grand Hotel« in Wien berichtet die Deutsche Bauzeitung 1870: »Der große Speisesaal und sein Nebensaal, jener im korinthischen, dieser im jonischen Stil, sind in der That so reich und prächtig, dass sie eines Fürstenpalastes würdig sind. Farbenvoll glänzender Marmorstuck an Säulen und Wänden – reiche Vergoldung an Kapitälen, Gesimsen und Decken – edelgebaute, durch übergoldete Metallzier gehobene Schwarzmarmor-Kamine mit goldüberzogenen Statuen und Kandelabern auf ihren breiten, spiegelüberragten Platten, – malerische, goldgesäumte Rothsammt-Draperien in den Fenster- und Wandbögen, – herrliche, bewundernswerth schöne Zwickel- und Deckenmalereien von den Künstlerhänden Bitterlich's und Eisenmenger's, Meisterwerke von Komposition, Zeichnung und Kolorit, – endlich goldüberzogene Lüster und goldüberzogene Bronce-werke zum Tafelschmuck, – das alles an beiden Enden des Saales bis ins Unabsehbare wiederholt durch grosse bis auf den blumengezierten Boden herabreichende Spiegel, bildet ein Ganzes von grossartigem Pomp«[250]. Ähnlich prunkvoll zeigt sich der mit einer Glaskuppel überwölbte Speisesaal des »Beau Rivage Palace« in Lausanne-Ouchy. Die separate

250 Dtsch. Bauztg. 4, 1870, Nr. 20, S. 165.

Anordnung bot zudem die Möglichkeit der besseren Belichtung durch Glaskuppeln. Farbig gestaltet, oft mit Jugendstilmotiven durchzogen, konnten die Glasdächer im Kontrast zum reich ornamentierten konventionellen Wandaufbau stehen, wie im Wintergarten des »Hotel Esplanade« in Berlin oder mit der Raumarchitektur harmonisieren, wie im Win-
Abb. 140 tergarten des »Hotel Hermitage« in Monte Carlo. So gelungen die Glaskuppel hier in die gesamte Raumkonzeption einbezogen ist, so ungewöhnlich bleibt dieses Beispiel in seiner Jugendstilornamentik und vor allem in der sichtbaren Eisenkonstruktion.

Dem Jugendstil entlehnte Motive wurden nur andeutungs-
Abb. 141 weise in der Innengestaltung verwandt und blieben häufig auf Glaskuppeln und Fenster beschränkt. Bevorzugt wurde das
Abb. 142 Formenrepertoire historischer Stile, das in den Speise- und Festsälen einen prunkvollen Höhepunkt erreichte. Die Motive entlehnte man vornehmlich den Stilepochen Louis XIV. bis Louis XVI., aber auch exotisch dekorierte Räume waren gefragt. Das »Atlantic Hotel« in Hamburg betonte seinem kosmopolitischen Charakter mit einem japanischen und einem maurischen Salon[251]. »In arabischer Architektur ausgeführte Conversations- bzw. Damen-Salons« besaß das »Continental« in Paris[252]. Vollends zur Kulisse gestaltete man die Eingangshalle des »Shepheard's Hotel« in Kairo. Sie war »eine getreue Nachbildung der Tempel von Philae ... dahinter eine arabische Halle«, das ganze Gebäude von »verschwenderischer Fülle und Pracht«[253].

Pracht und Luxus sind Kriterien, auf die immer wieder verwiesen wird. Insbesondere beeindruckte die luxuriöse Inneneinrichtung amerikanischer Hotelschöpfungen. Das Fachorgan des Internationalen Hotelbesitzer-Vereins gibt den Beschreibungen amerikanischer Hotelbauten breiten Raum. 1904 vermerkte es: »Vor einigen Tagen ist das prachtvollste und luxuriöseste Hotel, das

251 *H. Nitsch,* Hotel Atlantic Hamburg, in: Z. IHV, Nr. 5, 1929, S. 75–82.
252 Beschreibung des »Continental« in Paris: in: Hdb. d. Architektur, 1885, S. 216.
253 Shepheard's Hotel in Cairo, in: Z. IHV Nr. 9, 1925, S. 206. Abgerissen.

Abb. 140 MONTE CARLO, Hotel Hermitage, 1906, Wintergarten, Zustand 1980.

Abb. 141 MONTE CARLO, Hotel de Paris, Halle, Zustand 1980.

Abb. 142 PARIS, Elysée Palace Hotel, Champs Elysées, Speisesaal.

es auf Erden gibt, das »St. Regis Hotel« in der fünften Avenue zu New York ... eröffnet worden«. In der Prachtentfaltung hatte das »St. Regis« sicher einen Superlativ erreicht. »Die Einrichtung der Baderäume ist ganz aus schwerem Silber«[254] hebt der Bericht zwischen der Aufzählung von kostbarstem Marmor in Hallen und Fluren, Seidenstickereien an den Wänden der Zimmer etc. hervor. Von »der verschwenderischen Ausstattung« und vom »behaglichen Prunk« des »Hotel Adlon« berichtet das Zentralblatt der Bauvewaltung. Allgemein bemerkt »Die Bauwelt« 1910: »Hotelgründungen sind an der Tagesordnung. Gründungen, die den raffiniertesten Luxus in Aussicht stellen«[255].

Der letzten dieser Gründungen, dem von Robert Leibnitz für 700 Gäste 1911/12 errichteten und verschwenderisch ausgestatteten »Boarding Palast« in Berlin war bei dem Überangebot an Luxushotels kein wirtschaftlicher Erfolg mehr beschieden, trotz seiner

Abb. 143
Abb. 144

254 Z. IHV Nr. 39, 1904, S. 4.
255 Zentralbl. d. Bauverwaltung 28, 1908, S. 415, S. 422. Bauwelt 1, 1910, H. 74, S. 11.

Abb. 143 BERLIN, Boarding Palast (Hotel Cumberland), 1912, Teilansicht der Empfangshalle.

kostspieligen, an amerikanischen Vorbildern orientierten Einrichtungen, die bis zu Lawn-Tennisplätzen reichten, die man auf den weitläufigen Dachgärten anlegte. Bereits 1913 ging der »Boarding Palast« in Konkurs. Bis zum Ausbruch des Ersten Weltkriegs noch als »Hotel Cumberland« weitergeführt, diente der Monumentalbau nach Kriegsende als Bürogebäude[256].

Daß sich in Berlin »das Hotelwesen zu einer Verfeinerung der Lebenshaltung, ja zu einem Luxus entwickelt und ein Luxus-Bedürfnis hervorgerufen« habe, schreibt 1913 die Deutsche Bauzeitung[257]. Bereits 1841 empfiehlt die Zeitschrift für praktische Baukunst anläßlich der Eröffnung des Hotels »Bayerischer Hof« in München: »Alles aufs eleganteste arrangirt, ornamentirt, tapezirt und verziert. Wer keinen Kunstgeschmack mitbringt, darf nur vierzehn Tage hier wohnen, um ihn zu bekommen«[258].

256 Berliner Architekturwelt 15, 1913, S. 399–412. Berlin und seine Bauten, T. VIII, Bd. B, S. 15–17 u. S. 42.
257 Dtsch. Bauztg. 47, 1913, Nr. 83, S. 753.
258 Z. f. praktische Baukunst 1, 1841, S. 220.

Abb. 144 BERLIN, Boarding Palast (Hotel Cumberland), Speisesaal.

Hotelähnliche Bauten

Hier ist im wesentlichen nur der Typus des anspruchsvollen Sanatoriumsbaues für Lungenkranke zu benennen. Im Gegensatz zu manchem Krankenhaus und komfortablen Mietshaus, die eine Gestaltähnlichkeit zum Hotelbau aufweisen können, nimmt er über die Anlehnung des Außenbaus hinaus auch das Raumprogramm im Innern auf, bis zur völligen Identität mit dem palastartigen Hotelbau. Diese architektonische Angleichung wurde bewußt von vornherein angestrebt. Im Rahmen eines komfortablen Hotelbetriebs sollte der Gedanke an Krankheit und Tod verdrängt werden. Starben Gäste in diesen Sanatorien, so waren sie »abgereist«, wie es offiziell im Sanatorium »Hohenhonnef« hieß.

Abb. 145 »Hohenhonnef«, oberhalb von Bad Honnef am Rhein gelegen, 1891/92 von Pfeifer und Haendel erbaut[259], dürfte das wohl aufwendigste Sanatorium Deutschlands der damaligen Zeit gewesen sein.

Aufgesucht wurden diese Sanatorien, wenn überhaupt, erst im fortgeschrittenen oder aussichtslosen Stadium der Erkrankung. Meist versuchte man das Leiden durch Aufenthalte in den komfortablen Hotels klimatisch günstiger Kurorte der Riveria, der Schweiz oder Oberägyptens zu lindern. Beispielsweise wurde das »Hotel du Mont Blanc«, 1896 von Chaudet in Leysin errichtet[260], fast ausschließlich von Kranken frequen- *Abb. 146*

259 Landeskonservator Rheinland, Arbeitsheft 26, Bad Honnef, Stadtentwicklung …, Köln 1979, S. 105.

260 *J. Ch. Biandet,* Leysin, in: Bulletin de la Société neuchâteloise de géographie, Tome XLVII, 1939–1940, Neuchâtel 1940, S. 17.

Abb. 145 BAD HONNEF, Sanatorium Hohenhonnef, 1891/92, Zustand 1906.

Abb. 146 LEYSIN, Hotel du Mont Blanc, 1896.

Abb. 147 LUXOR, Winter Palace Hotel, 1906.

tiert. Auch die großen, europäisch geführten Hotels Ägyptens hatten eigene ärztliche Versorgung für Leidende, unterschieden sich aber in nichts von luxuriösen Hotelbetrieben, wie das monumentale »Heliopolis Palace Hotel« (1910)[261] bei Kairo, das hinter einer Fassade von fast 200 Metern Länge, errichtet im maurischen Stil, 400 Zimmer und eine 36 Meter hohe
Abb. 147 Halle barg. Am »Winter Palace Hotel« (1906) in Luxor erinnert lediglich die langgestreckte, der gesamten zum Nil gelegenen Front vorgelagerte Terrasse an die gleichzeitige Bestimmung als Krankenstation.

Wie sehr der Status eines Hotels gewahrt werden sollte, kommt etwa in der Bezeichnung »Sanatorium Grand Hotel« in Leysin anschaulich zum Ausdruck. Erst im letzten Jahrzehnt vor dem Ersten Weltkrieg zeichnet sich eine deutlichere Funktionstrennung zwischen Hotel und Sanatorium ab. Insbesondere die Hotels der Kurorte für Lungenkranke verwahren sich nun gegen die Aufnahme von Kranken. Gleichzeitig treten Sanatorien deutlich als solche auf, wie das »Internationale Sanatorium Dr. Philippi« oder »Dr. Turban's Sanatorium« in Davos.

Zeigen sich das »Winter Palace« in Luxor und das »Hotel du Mont Blanc« in Leysin, um nur zwei Beispiele zu nennen, sowohl vom Außenbau als auch von der Innengestaltung unverkennbar als palastartige Hotelbauten, beginnen sich bei den neuen Sanatoriumsbauten charakteristische bauliche Details abzuzeichnen, wie verglaste Loggien, tiefe, windgeschützte Balkonbänder und vorgelagerte Liegehallen. Die Grenzen sind jedoch fließend; zwar besitzt das »Internationale Sanatorium Dr. Philippi« über die ganze Front verlaufende Liegehallen, die mächtige Kuppel über dem Mittelrisalit dagegen erinnert noch ganz an das Hotelvorbild.

Nur schwerlich sind die Sanatoriumsbauten des beginnenden 20. Jahrhunderts in ihrer äußeren Gestalt von Hotelbauten zu unterscheiden; selten so deutlich wie das von Pfleghard & Haefeli geplante »Sanatorium Schatzalp« (1899/1900) in Davos, ein für

261 Eröffnet 1. Dez. 1910, Z. IHV Nr. 49, 1910, S. 9.

seine Zeit nüchterner flachgedeckter Kubus, dessen Front tiefe Loggien und eine weitläufige Liegehalle vorgelagert sind[262].

Pompöse Architektur und exklusive Gesellschaft kennzeichnen im allgemeinen das damalige Sanatorium wesentlicher, als eine gezielte medizinische Ausrichtung. Das prunkvolle Sanatorium »Hohenhonnef« soll seinen internationalen Rang nicht zuletzt dem Ruf verdankt haben, in seiner luxuriösen Atmosphäre herrsche ein »angenehmes Sterbeklima«[263]. Luxus und Morbidezza, in den weitläufigen Salons und Hallen der mondänen Hotelpaläste zu spüren, werden hier unübersehbar.

262 Schweiz. Bauztg. 39, 1902, S. 13–17, 28–31; H. Rebsamen, Die Hotel- und Sanatorienstadt Davos, in: Unsere Kunstdenkmäler, S. 457. Heute »Hotel Schatzalp«.

263 *Franzjosef Schneider,* Hohenhonnef: »Der Himmel auf Erden«, in: Bonner Rundschau v. 26. 11. 1957. Seit dem Konkurs kurz vor dem Ersten Weltkrieg Heilanstalt Rheinland. Außen und innen verändert.

Schlußbemerkung

»Glanz und Zerfall des fin-de-siècle tut sich wie nirgends im Hotelbetrieb kund«, bemerkt Reinle in seiner Kunstgeschichte der Schweiz[264]. Vom Glanz kündeten die prunkvollen Fassaden, die luxuriöse Innengestaltung und die Präsenz eines Publikums, das seine Lebensführung an aristokratischen Leitbildern orientierte. Kaum ein anderer Bautypus des 19. Jahrhunderts spiegelt den Lebensstil führender Gesellschaftskreise derart anschaulich wider und war gleichzeitig so abhängig vom Bestand dieser Gesellschaft – ausgenommen der historistische Schloßbau, der von vergleichbaren Intentionen getragen wurde.

Der Zerfall gesellschaftlicher und wirtschaftlicher Strukturen entzog dem Palasthotel nicht nur die Klientel. Gravierender war der endgültige Verlust der ideellen Grundlagen: die Orientierung am fürstlichen Palastbau.

Nach 1918 stagnierte die Hotelbautätigkeit fast völlig; die Palasthotels gerieten in eine tiefe Krise. »Man verfolgt die Hotels gegenwärtig als bloße Luxusstätten, wie man denn gegenwärtig überhaupt auf den Luxus schlecht zu sprechen ist«, kommentiert hierzu 1925 das Fachorgan des Internationalen Hotelbesitzer-Vereins. Gleichzeitig wird das Idealkonzept der Vorkriegszeit vertreten: »Das Hotel von heute ist nicht mehr ein großes Haus, es ist sein Ziel, ein Palast zu sein, im Verhältnis zu den anderen Häusern. Ein Palast, wenn seine äußere Form glücklich gewählt ist, der einer Stadt, einer ländlichen Gegend, ihre beson-

264 *Reinle*, Kunstgeschichte, 4. Bd., S. 113.

dere Note gibt, wie früher der Palast des Fürsten«[265]. Die Situation verkennend, wird der Hotelpalast in direkter Nachfolge zum Fürstenpalast, der als Bauaufgabe nach 1918 gänzlich verschwand, gesehen.

In den weltberühmten Kurorten wie Baden-Baden, Gastein, Karlsbad, Vichy oder Wiesbaden wurde zwischen den Kriegen kein einziger nennenswerter Hotelbau errichtet. Das elegante Ostende verzeichnete, ebenso wie Nizza, einen Niedergang der Hotellerie; lediglich in den relativ neu entdeckten französischen Seebädern entstanden vereinzelt noch Hotels konventioneller Art, wie in Cannes, Deauville und Le Touquet. Den Schlußpunkt dürfte das extravagante »Royal Picardy« in Le Touquet bilden; an Formenreichtum, Stilmischung und Innenraum-Gestaltung übertraf es selbst großartige Hotelbauten der Zeit vor 1914.

Trotz der plötzlichen Überkapazität an Hotelzimmern der Luxusklasse, blieb der Baubestand bis zum Zweiten Weltkrieg weitgehend erhalten. Die Zeit danach hatte weniger Verwendung und Verständnis für die Luxusbauten einer untergegangenen Epoche. Abermalige soziale Umwälzungen, Veränderungen der Reisegewohnheiten des kapitalkräftigen Publikums bei gleichzeitig einsetzendem Massentourismus, nahmen der Badereise endgültig ihre Bedeutung als gesellschaftlichem Ereignis, den Palasthotels die Funktion einer glänzenden Kulisse. Dementsprechend stärker betroffen waren traditionsreiche Kurorte, die sich nicht als Wintersportort oder Seebad neue Attraktivität sichern konnten.
»Sanierung«, als Modernisierung Abb. 14
verstanden, sollte aus der Krise Abb. 14
helfen. Ihren Ausdruck fand sie in Fassadenbereinigung und auch im Abbruch. Modernisiert wurde nicht nur das Einzelbauwerk, sondern häufig das gesamte Kurzentrum. So verschwand, zumal in deutschen Kurorten, vieles der spezifischen Bäderarchitektur, zu der malerische Wandelhallen und Musikpavillons, meist in fragiler, reich ornamentierter Holz- oder Eisenkonstruktion ebenso zählten wie Brunnenhäuser, Trinkhallen und Kioske, bis hin zu den Kandelabern.

265 Die kulturellen Ideen des Hotels, in: Z. IHV Nr. 36, 1925, S. 1062–1063.

Abb. 148 CANNES, Hotel Gallia, 1899, vor dem Umbau.

Abb. 149 CANNES, Hotel Gallia, nach dem Umbau, Zustand 1982. Nutzung als Wohnhaus.

Besser erhielten sich diese pittoresken Ensembles in Kurorten, die mangels wirtschaftlicher Prosperität oder ehrgeiziger Anpassung an den Zeitgeschmack einer Modernisierung entgingen; beispielsweise die böhmischen Bäder oder mancher Kurort im Landesinneren Frankreichs. Zu berücksichtigen ist allerdings die allgemeine geringe Wertschätzung oder Ablehnung der Historismus-Architektur in den 50er Jahren.

Während sich diese Einstellung inzwischen geändert hat und die verschiedensten Bauaufgaben dieser Zeit Beachtung finden, darunter Fabrikarchitektur, Wohn- und Siedlungsbau oder Verwaltungsgebäude, erweckte die Hotelarchitektur bisher wenig

Abb. 150 Interesse. »Das Waldhotel Dolder, 1895 erbaut von Jacques Gros (1858–1922), beseitigte man zum Ergötzen eines veständnislosen Zürcher Publikums 1971 mit Dynamit« bemerkt der bekannte Schweizer Konservator Knoepfli in einem Beitrag zum Historismus und Schloßbau[266].

Sicher ist die Schweiz, das klassische Land der Hotellerie, noch vorsichtig mit dem reichlich überkommenen Bestand an Hotelpalästen umgegangen. Daß die großangelegte Sanierungsuntersuchung aus dem Jahre 1944 für die vorgesehenen 35 Schweizer Kurorte unwiederbringliche Verluste gebracht hätte, ist erst seit kurzem voll einzusehen. Da der »Triumph des Umbaus«, den sich die Studie zum Ziel gesetzt hatte[267], nicht stattfand, haben sich gerade in der Schweiz hervorragende Hotelbauten und -ensembles erhalten. So bildet das großartige »Palace Hotel« in Caux, das durch private Initiative vor einem Abbruch gerettet wurde[268], zusammen mit den Hotelpalästen im tiefer gelegenen Montreux ein eindrucksvolles Bild historistischer Hotelarchitektur – wenn auch empfindlich gestört durch einen 20geschossigen Hotel-Neubau.

Selbst in St. Moritz, wo Bauboom und Bauformen vor 1914 einen Höhepunkt fanden, blieb der Bestand weitgehend erhalten.

266 *Knoepfli,* in: Historismus und Schloßbau, S. 169. Das »Waldhotel Dolder« gehörte zum Komplex des noch bestehenden »Grand Hotel Dolder« in Zürich.
267 Bauliche Sanierung, hrsg. v. *A. Meili,* S. 209.
268 Vgl. Anm. 120.

Von den großen Hotels wurde 1970 das »Hotel du Lac« abgebrochen; davon bedroht war das »Hotel Victoria«; abgebrannt und nicht wieder aufgebaut ist das »Hotel Neues Stahlbad« (1971). Das elfgeschossige »Grand Hotel« schließlich, als »Monstrum« seit Erbauung Heimatpflegern und konkurrierenden Hoteliers ein Dorn im Auge, erwog man des öfteren um etliche Stockwerke zu reduzieren. 1944 erübrigte ein Totalbrand diese Überlegungen[269].

Weitgehend verschont blieben die palastartigen Hotelbauten in Kurorten, die nicht mehr an ihren früheren Ruhm anknüpfen konnten und etwas in Vergessenheit gerieten, etwa Vittel, Le Mont-Dore und Contrexéville, aber auch Aix-les-Bains und Nizza-Cimiez.

Meist zu Wohnungen umfunktioniert, haben die Hotelgebäude zumindest ihre Außenarchitektur bewahrt, wie das »Sarciron

269 Bauliche Sanierung, hrsg. v. *A. Meili,* S. 56.

Abb. 150 ZÜRICH, Waldhotel Dolder, 1895, beseitigt 1971.

Abb. 151 NIZZA, Hotel Hermitage, 1907, Zustand 1982, Nutzung als Wohnhaus.

Abb. 152 NIZZA, Majestic Palace Hotel, 1906/08, Teilansicht, Zustand 1982, Nutzung als Wohnhaus.

Rainaldy Palace« in Le Mont-Dore, das »Mirabeau« und »Regina Bernascon« in Aix-les-Bains, das »Excelsior Regina« in Nizza-Cimiez oder das »Riviera Palace« in Beausoleil, das schon seit 1936 als Appartementhaus dient[270].

Erst in jüngster Zeit nimmt man eine Idee auf, die in Amerika bereits vor dem Ersten Weltkrieg großen Anklang fand: die Dauervermietung bei Beibehaltung des Hotelbetriebs in geringem Umfang. Sicher eine Nutzung, die manches Hotelgebäude vor dem Abbruch bewahrt hätte und bewahren könnte.

Weitgehend verändert haben sich inzwischen die Uferpromenaden der berühmten Seebäder – die Hotels mußten den Appartementhäusern weichen. Von dem einstigen Glanz Ostendes ist nichts mehr zu spüren. Fast lükkenlos und monoton reihen sich an den Promenaden der großen belgischen und niederländischen Seebäder die Wohnbauten. Mehr symbolisch erinnert in Scheveningen das mittlerweile vom Beton

270 Frdl. Mitteilung v. Herrn A. Dansette, Beausoleil.

Abb. 153 BIARRITZ, Hotel Miramar, 1926/27, abgerissen 1977.

der Appartementhäuser eingezwängte, mit großem Aufwand renovierte »Kurhaus Hotel«[271], an das ehemalige Erscheinungsbild. Zwei breitgelagerte Hotelgebäude, das »Palace« und das »Grand Hotel«, flankierten eindrucksvoll das »Kurhaus Hotel«. Zugunsten der Neubauten wurden beide abgerissen – ein großartiges Ensemble zerstört.

An der promenade des Anglais in Nizza ist die seit einigen Jahren als werbewirksam entdeckte »Belle Epoque« am »Negresco« abzulesen, nachdem, neben anderem, 1967 das architektonisch vergleichbare »Hotel Ruhl« niedergelegt wurde. In Monte Carlo schließlich – die Beispiele könnten um viele erweitert werden – verschwinden die einst für monumental gehaltenen Hotelbauten zwischen einer Unzahl konformer Hochhäuser.

Vielleicht ist es aber gerade die Architektur des Massentourismus, die den Hotelpalästen der Jahrhundertwende zu einer Renaissance verholfen hat; die Interesse und Engagement geweckt hat für die Erhaltung und Restaurierung dieser Bauten, in denen das »pompöse Zeitalter« einen großartigen architektonischen Ausdruck fand.

271 Nur weitreichender Protest verhinderte 1973 den Abbruch des »Kurhaus Hotel«.

Dank

Mein Dank gilt den städtischen Ämtern und Gemeindeverwaltungen, Bibliotheken und Archiven im In- und Ausland, die durch ihre Mitarbeit die vorliegende Arbeit unterstützten. Wertvolle Informationen, die nicht über öffentliche Stellen zu fassen waren, erhielt ich von zahlreichen der in den Anmerkungen aufgeführten Damen und Herren, denen ich an dieser Stelle nochmals danke.

Für engagierte Unterstützung möchte ich besonders nennen und danken Herrn G. Gennerich, Auriac; Herrn G. Cassina, Sion; Herrn Gilles Barbey, Lausanne; Herrn Dr. L. Devliegher, Brügge; Herrn Jean Bernascon, Lyon; Frau M. Bürkli Haeberli, Rolle; Herrn André Dansette, Beausoleil; Herrn V. O. Hauser, Luzern; Frau R.-A. Gredig, Pontresina; Herrn M. Rey, Zürich; Herrn Jaques de Gueret, Biarritz; Herrn H. Saur, Baden-Baden; Frau M. Fuss, Baden-Baden; Herrn R. F. Müller, St. Moritz sowie Herrn E. A. Scherz, Gstaad.

Zu danken habe ich ferner der Société des Bains de Mer, Monte Carlo, dem Mountain House in Caux sowie allen Hotelbetrieben, Hotel-Gesellschaften und Einzelpersonen, die mir Unterlagen und Bildvorlagen zur Verfügung stellten. Dem Institut für vergleichende Städtegeschichte, Münster, danke ich für vielfältige Unterstützung. Für die schwierigen Fotoarbeiten schließlich möchte ich Frau A. Sobirey ganz besonders danken wie auch allen an der Herstellung dieses Buches Beteiligten.

Anhang

Literaturverzeichnis

(Auswahl, weitere Titel in den Anmerkungen)

Almanach de St. Pétersbourg, Cour, Monde et Ville 1910, St. Pétersbourg 1910.

Amstütz, W., Neue Wege im Hotelbau, Zürich/Leipzig 1929.

Astro, Charles, Nice, station hivernale, in: Monuments historiques, 1, 1978, S. 48–52.

Barbey, Gilles, Gubler, Jaques, La »Cité de Villas« Dubochet à Clarens, paysage architectural total, in: Unsere Kunstdenkmäler 1978, S. 391–401.

Baukunde des Architekten, bearb. v. den Herausgebern d. Deutschen Bauzeitung u. d. Deutschen Baukalenders = Deutsches Bauhandbuch, Bd. II, 2. T., Berlin 1884.

Bauliche Sanierung von Hotels und Kurorten. Schlußbericht, bearb. u. hrsg. i. Auftrag des Eidgnössischen Amtes für Verkehr v. A. Meili, Erlenbach – Zürich 1945.

Beenken, Hermann, Das neunzehnte Jahrhundert in der Deutschen Kunst. Aufgaben und Gehalte. Versuch einer Rechenschaft, München 1944.

Berl, Heinrich, Das Badener Tagebuch. Aufzeichnungen eines Chronisten aus den Jahren 1933–1945, 2. erw. Aufl., Baden-Baden 1946.

Berlin und seine Bauten, hrsg. v. Architekten- u. Ingenieur-Verein zu Berlin, Teil VIII, Bauten für Handel u. Gewerbe, Bd. B, Gastgewerbe, Berlin/München/Düsseldorf 1980.

Biglia, A., Evolution de l'Hôtellerie dans le pays de Nice, in: L'industrie Hôtelière, Nouvelle série, Nr. 79, 1953/54.

Bisegger, P., Francois Gindroz, constructeur d'hôtels?, in: Unsere Kunstdenkmäler 1978, S. 380–390.

Börsch-Supan, Eva, Berliner Baukunst nach Schinkel 1840–1870, München 1977 (= Studien z. Kunst d. neunzehnten Jahrhunderts, Bd. 25).

Borgialle-Fabre, Odile, L'évolution du tourisme à Cannes depuis la première guerre mondiale, in: Bulletin de Géographie d'Aix-Marseilles 1958, S. 53–84.

Bringmann, Michael, Was heißt und zu welchem Ende studiert man den Schloßbau des Historismus?, in: Historismus und Schloßbau, hrsg. v. R. Wagner-Rieger u. W. Krause, München 1975, S. 27–48.

Brix, Michael, Steinhauser, Monika (Hrsg.), Geschichte allein ist zeitgemäß. Historismus in Deutschland, Lahn-Gießen 1978.

Brugger, Eva Maria, Côte Basque – Côte d'Argent, Wandlungen der aquitanischen Küstenlandschaft durch den Fremdenverkehr, Diss. Bonn 1969.

Burnet, Louis, Villégiature et tourisme sur les côtes de France, Paris 1963.

Czeike, Felix, Das große Groner Wien Lexikon, Wien/München/Zürich 1974.

Diethelm, John, Handbuch des schweizerischen Hotelbaus, Zürich 1920.

Dyos, H.J., Wolff, M. (Hrsg.), The Victorian City, Images and Realities, Vol. II, London 1978.

Eckert, August, Die Entwicklung des modernen Reise- und Fremdenverkehrs im Gebiet des Vierwaldstättersees, Luzern 1932.

Eggert, Klaus, Der Wohnbau der Wiener Ringstraße im Historismus 1855–1896 (= Die Wiener Ringstraße, Bild einer Epoche, hrsg. v. Renate Wagner-Rieger, Bd. VII), Wiesbaden 1976.

Foucart, Bruno, Au plaisir des architectes, les villes d'eau et leur architecture aux XIXe et XXe siècles, in: Monuments historiques, 1, 1978, S. 2–11.

Gierke, Manfred, Die Fremdenverkehrslandschaft der Côte d'Azur, Diss. Freiburg 1961.

Große Welt reist ins Bad 1800–1914, Ausstellungskatalog, München/Wien 1980.

Grote, Ludwig (Hrsg.), Die deutsche Stadt im 19. Jahrhundert, München 1974 (= Studien zur Kunst des neunzehnten Jahrhunderts, Bd. 24).

Guyer, Eduard, Das Hotelwesen der Gegenwart, Zürich 1874.

Guyer, S., Das Suvrettahaus bei St. Moritz. Ein Beitrag zum Hotelbau – Problem der Gegenwart, in: Schweiz. Bauztg. 69, 1917, Nr. 7, S. 71–74, Nr. 8, S. 85–87. Nr. 9, S. 94–98.

Haas, B., Hotel-Restaurant Mira Monte in Marienbad, in: Der Profanbau 1, 1905, Nr. 7, S. 119–122.

Handbuch der Architektur, 4. T.: Entwerfen, Anlage u. Einrichtung der Gebäude, 4. Halbbd.: Gebäude f. Erholungs-, Beherbergungs- und Vereinszwecke, Darmstadt 1885.

Handbuch der Architektur, 4. T.: Entwerfen, Anlage und Einrichtung der Gebäude, 4. Halbbd.: Gebäude f. Erholungs-, Beherbergungs- und Vereinszwecke, 1. H., 3. Aufl., Stuttgart 1904.

Hase, Ulrike v., Wiesbaden – Kur- und Residenzstadt, in: Die deutsche Stadt im 19. Jahrhundert, München 1974.

Hazzan, A.-F., Urbanisme de Deauville, in: Monuments historiques, 1, 1978, S. 45–47.

Heyden, G., Moderne Renaissancepaläste, in: Dtsch. Bauhütte, 14, 1910, S. 106 u. 108.

Hitchcock, Henry Russel, Architecture: Nineteenth and Twentieth Centuries, Harmondsworth 1958.

Hoffmann, Moritz, Geschichte des deutschen Hotels, Heidelberg 1961.

Hojer, Gerhard, München – Maximilianstraße und Maximilianstil, in: Die deutsche Stadt im 19. Jahrhundert, München 1974.

Hude, Hermann v. d., Hotels, in: Hdb. d. Architektur 1885.

— in: Hbd. der Architektur 1904.

Illustriertes Lexikon der Bade-, Brunnen- und Luftkurorte nebst Heilanstalten-Verzeichnis von Mittel-Europa, hrsg. v. Allgemeinen Verkehrsbureau für Kurorte, Sanatorien, Sommerfrischen ..., 14. Aufl., Berlin, Zürich, o. J. (um 1910).

Internationaler Hotelbesitzer-Verein, 60 Jahre 1869–1929, Jubiläumsausgabe, Köln 1929 (zit.: 60 Jahre IHV).

Kain, Roger, Urban design in French thermal spas, in: Storia della Città, Nr. 11, 1979, S. 49–62.

Klasen, Ludwig (Hrsg.), Grundriß-Vorbilder von Gasthäusern, Hotels und Restaurants, Hdb. f. Behörden, Bauherren ..., Leipzig 1884.

Kleemann, Georg, Villeneuve-Loubet, Untersuchung zur Typisierung von Fremdenverkehrsorten an der Côte d'Azur, Diss. Saarbrücken 1973.

Knoepfli, Albert, Zum Schloßbau des 19. Jahrhunderts in der deutschsprachigen Schweiz, in: Historismus und Schloßbau, hrsg. v. Renate Wagner-Rieger u. Walter Krause, München 1975, S. 154 bis 178.

Kunstführer durch die Schweiz, hrsg. v. d. Gesellschaft f. Schweizerische Kunstgeschichte, Bd. 1, 5. Aufl., Bern 1971.

— Bd. 2, 5. Aufl., Bern 1976.

Kunstreisboek voor Nederland, Antwerpen 1977.

Labande, L. H., Histoire de la principauté de Monaco, Paris 1934.

Lotz, Gustav, Gegenwartsprobleme des Hotelwesens, Würzburg 1938.

Ludwig, Karl, Alt-Karlsbad, Karlsbad 1920.

Maeder, Bruno, Strukturwandlungen im Fremdenverkehr der schweizerischen Hotellerie in den Jahren 1948–1968, Bern/Frankfurt 1971.

Meyer, Peter, Hotelbauten und Stilgeschichte des Hotels, in: Das Werk, Schweizerische Zschr. f. Baukunst, Gewerbe, Malerei u. Plastik, 1942, S. 211–227.

— Schweizerische Stilkunde. Von der Vorzeit bis zur Gegenwart, 5. Aufl., Zürich 1944, Hotelbauten, S. 199–203.

— Stilgeschichte des Hotels, in: Bauliche Sanierung von Hotels und Kurorten, Schlußbericht, bearb. u. hrsg. v. A. Meili, Erlenbach – Zürich 1945, S. 41–46.

— Hotelbauten einst und jetzt, in: Schweizer Hotelier-Verein, 75 Jahre Jubiläum, Geschäftsbericht 1956, Basel 1957, S. 33–34.

Monkhouse, Christopher, Railway Hotels, in: Railway Architecture, hrsg. v. Marcus Binney u. David Pearce, London 1979, S. 118–139.

Muller, Fedia, Vevey et l'hôtel des Trois Couronnes, Vevey 1959.

Niermans, M., Edouard Niermans, l'architecte des palaces 1900, in: Connaissance des Arts, Nr. 280, Paris 1975, S. 99–107.

Ottiger, Roman Hans Christian, Luzerner Hotelbauten von 1833–1871. Entwicklung einer Fremdenverkehrsstadt, Diss. Zürich 1977, Auszug Köln 1977.

Petsch, Joachim, Architektur und Gesellschaft. Zur Geschichte der deutschen Architektur im 19. und 20. Jahrhundert, Köln/Wien 1977.

Pevsner, Nikolaus, A history of building types, London 1979.

Pietri, A., Nice, capitale touristique, in: Bulletin de Géographie 1958/59, Paris 1959, S. 209–243.

Posener, Julius, Berlin auf dem Wege zu einer neuen Architektur. Das Zeitalter Wilhelms II., München 1979 (= Studien zur Kunst d. neunzehnten Jahrhunderts, Bd. 40).

Rapsilber, Max, Das Hotel Adlon in Berlin, in: Der Profanbau 3, 1907, Nr. 23, S. 338–347.

Rauers, Friedrich, Kulturgeschichte der Gaststätte, 2 Bde., Berlin 1941.

Regond-Bohat, Annie, L'architecture dans les villes thermales au XIXe siècle, in: Monuments historiques, 1, 1978, S. 26–30.

Reinle, Adolf, Kunstgeschichte der Schweiz, 4. Bd., Die Kunst des 19. Jahrhunderts. Architektur/Malerei/Plastik, Frauenfeld 1962.

Rubi, Fred, Der Wintertourismus in der Schweiz. Entwicklung, Struktur und

volkswirtschaftliche Bedeutung, Diss. Bern 1953.
Schliepmann, Hans, Palais Redern und Hotel Adlon. Alt- und Neu-Berlin, in: Berliner Architekturwelt 11, 1909, S. 96–110.
Servaes, Franz, Das Kurhotel der Zukunft. Ein Bauplan von Peter Behrens, in: Bildende Künste, Wiener Monatshefte vereinigt 1, 1916/18, S. 41–57.
Souza, Robert de, Nice, capitale d'hiver, Paris/Nancy 1913.
Stehle, Josef, Gaststätten in aller Welt, Lindenberg i. Allg. 1926.
Steinhauser, Monika, Das europäische Modebad des 19. Jahrhunderts. Baden-Baden – Eine Residenz des Glücks, in: Die deutsche Stadt im 19. Jahrhundert, München 1974, S. 95–128.
Umělecké Památky, Čech 2, Praha 1978.
Waetzoldt, Stephan (Hrsg.), Bibliographie zur Architektur im 19. Jahrhundert. Die Aufsätze in den deutschsprachigen Architekturzeitschriften 1789–1918, 8 Bde., Nendeln 1977.
Wagner-Rieger, Renate, Wiens Architektur im 19. Jahrhundert, Wien 1970.
— (Hrsg.), Das Kunstwerk im Bild (= Die Wiener Ringstraße – Bild einer Epoche, Bd. I), Wien/Köln/Graz 1969.
— (Hrsg.) u. Walter Krause (Hrsg.), Historismus und Schloßbau, München 1975 (= Studien zur Kunst des neunzehnten Jahrhunderts, Bd. 28).
Weiss, Franz-Rudolf v., Die Lage des schweizerischen Hotelgewerbes in der Nachkriegszeit, Diss. Köln 1925.
Wöhler, Max, Gasthäuser und Hotels, Berlin/Leipzig 1929.
Wyss, Beat, Wandlungen des Tourismus in Luzern, in: Unsere Kunstdenkmäler, 1978, S. 434–443.
Zimburg, Heinrich v., Die Geschichte Gasteins und des Gasteiner Tales, Wien 1948.

Zeitschriften (Auswahl)

Allgemeine Bauzeitung. Österreichische Vierteljahresschrift für den Baudienst, Wien, 1, 1836 ff.
Baugewerks-Zeitung, Zeitschrift für praktisches Bauwesen, Berlin, [1], 1869 ff.
Der Bautechniker. Zentralorgan für das österreichische Bauwesen, Wien, 1, 1880 ff.
Berliner Architekturwelt. Zeitschrift für Baukunst, Malerei, Plastik und Kunstgewerbe der Gegenwart, Berlin, 1,1899 ff.
Connaissance des arts, Paris, 1, 1952 ff.
Deutsche Bauhütte. Zeitschrift der deutschen Architektenschaft, Hannover, 1, 1897 ff.
Deutsche Bauzeitung, Berlin, 1, 1867 ff.
Das Hotel. Wochenzeitung des Internationalen Hotelbesitzer-Vereins / L'hôtel, Revue hebdomadaire de l'Association Internationale des Hôteliers, Köln, 1, 1869 ff.
Von 1869 bis 1906: Wochenschrift des Vereins der Gasthofbesitzer (Seitenzählung erst ab Nr. 38, 1904).
Zit.: Z. IHV.
L'industrie Hôtelière, Paris.
Monuments historiques = Les monuments historiques de la France, Revue bimestrielle, Paris, 1, 1936 ff.
Der Profanbau. Zeitschrift für Geschäftshaus-, Industrie- und Verkehrsbauten, Leipzig, 1, 1905 ff.
Schweizer Hotel Revue = Revue Suisse des hôtels, Basel/Bern, 1, 1892 ff.
Schweizerische Bauzeitung. Wochenschrift

für Architektur, Ingenieurwesen, Maschinentechnik, Zürich, 1, 1883 ff.
Unsere Kunstdenkmäler. Mitteilungsblatt für die Mitglieder der Gesellschaft für Schweizerische Kunstgeschichte/Nos monuments d'art et d'histoire, Bern, 1, 1950 ff.
Wiener Bauindustrie-Zeitung und Wiener Bautenalbum. Praktisches bauindustrielles Organ für Bauingenieure, Wien, 1, 1883/84 ff.
Z. IHV s. Das Hotel.

Architekten- und Objektverzeichnis

Adam, Heinrich
Hotel Imperial (Palais Württemberg), Wien, zus. m. Zenetti
Allen, George
Bridge House Hotel, London
Armand, Alfred
Grand Hotel, Paris
Grand Hotel du Louvre, Paris; zus. m. Hittorf, Pellechet u. Rohault de Fleury
Bahr
Grand Hotel, Wien (Bau v. 1911/13); zus. m. Baschkis
Basarke, s. Zapp & Basarke
Baschkis, s. Bahr
Baumier
Grand Hotel, Houlgate
Behrens, Peter
Riviera Majestic Palace Hotel, San Remo (Projekt)
Bezencenet, Louis
Beau Rivage Palace Hotel, Lausanne-Ouchy (Erweiterung)
Biasini, Sébastien-Marcel
Grand Hotel Excelsior Regina, Nizza
Billing, Hermann, s. Vittali & Billing
Blanchet
Hotel Royal, Dinard
Blondel, Henri
Grand Hotel Continental, Paris
Bluntschli, Alfred Friedrich
s. Mylius & Bluntschli
Bonjour, s. van Dorsser
Boswau & Knauer
Hotel Esplanade, Berlin
Hotel Atlantic, Hamburg
Bressler & Wittrisch
Hotel Bristol, Wien (Umbau)
Bruneau
Grand Hotel des Thermes, Bagnoles-de-l'Orne
Cazalis
Golf Hotel, Saint-Jean-de-Luz
Cesar, Fernand
Hotel l'Ermitage, Vittel
Chaudet
Hotel du Mont Blanc, Leysin
Chiodera & Tschudy
Palace Hotel, St. Moritz
Claus & Groß
Hotel Britannia, Wien
Crépinet, Adolphe
Hotel des Roches Noires, Trouville
Debrouwer, L.
Hotel Royal Picardy, Le Touquet; zus. m. Drobecq
Delmas, Fernand-Etienne-Charles
Winter Palace Hotel, Nizza
Hotel Hermitage, Nizza
Delugan
Palast Hotel, Meran
Dorsser, Adrien van
Palace Hotel, Gstaad; zus. m. Bonjour
Hotel Royal Savoy, Lausanne-Ouchy
Drobecq, P. s. Debrouwer

Düssel, G.
Dom Hotel, Köln (2. Bau v. 1885/86); zus. m. Siegert
Dutrou
Hotel de Paris, Monte Carlo (1. Bauabschnitt)
Ebert, F.
Kurhaus Hotel, Scheveningen; zus. m. Henkenhaf
Febvre, Jules
Majestic Palace Hotel, Nizza
Fellner & Helmer
Grand Hotel Pupp (Konzertsaal), Karlsbad
Fiedler, L.
Hotel Bristol, Wien (Neubau v. 1913); zus. m. Palumbo
Fischer, Otto
Grand Hotel Panhans, Semmering; zus. m. Herrmann
Förster, Ludwig
Hotel Bristol, Wien
Fraenkel, Wilhelm
Hotel Austria, Wien
Hotel Sacher, Wien
Franel, Philippe
Grand Hotel des Trois Couronnes, Vevey
Garnier, Charles
Grand Hotel, Paris (Salon Opéra)
Gause, Carl
Hotel Bristol, Berlin
Hotel Adlon, Berlin; zus. m. Leibnitz
Gindroz, Francois
Beau Rivage Palace Hotel, Lausanne-Ouchy (Hauptbau)
Gottgetreu, Rudolf
Hotel Vier Jahreszeiten, München
Gros, Jaques
Grand Hotel Dolder, Zürich
Waldhotel Dolder, Zürich
Großheim, Karl v., s. Kayer & v. Großheim
Haefeli, Max, s. Pfleghard & Haefeli
Haendel
Sanatorium Hohenhonnef, Bad Honnef; zus. m. Pfeifer
Hansen, Teophil
Wohnhaus Heinrichhof, Wien
Hardwick, Philip
Hotel Victoria (Victoria & Euston), London
Hartmann, Nikolaus d. Ä.
Grand Hotel Kronenhof Bellavista, Pontresina
Hotel Neues Stahlbad, St. Moritz; zus. m. A. Koch
Grand Hotel Victoria, St. Moritz
Hartmann, Nikolaus
Hotel La Margna, St. Moritz
Hébrard, Ernest
Hotel Mirabeau, Aix-les-Bains
Hotel Royal, Evian-les-Bains
Hotel Imperial, Karlsbad
Heilmann & Littmann
Hotel Vier Jahreszeiten, München (Innengestaltung)
Helmer, Hermann, s. Fellner & Helmer
Henkenhaf, J. F., s. Ebert
Hennicke & v. d. Hude
Hotel Kaiserhof, Berlin
Herrmann, Rudolf, s. Fischer
Heymann, Arnold
Hotel Weimar, Marienbad
Hittorf, Jakob Ignaz, s. Armand
Hofmeier, Karl
Hotel Meissl & Schadn, Wien
Hoyez
Hotel l'Hermitage, Le Touquet (Umbau)
Hude, Hermann v. d., s. Hennicke & v. d. Hude
Jost, Eugène
Palace Hotel, Caux
Montreux Palace, Montreux
Grand Hotel, Territet; beteiligt
Kayser & v. Großheim
Park Hotel, Düsseldorf
Dom Hotel, Köln (3. Bau)
Kloeppel
Grand Hotel, Zoppot
Knauer, Hermann, s. Boswau & Knauer

Koch, Alexander, s. Hartmann d. Ä.
Koch, Valentin
Hotel Carlton, St. Moritz
Koller, Karl
Schloß Hotel Enderlin, Pontresina
Hotel Suvretta House, St. Moritz
Koller, R.
Grand Hotel, St. Moritz
Kuoni, Alexander
Maloja Palace Hotel, Maloja
Leibnitz, Robert
Hotel Adlon, Berlin; zus. m. Gause
Boarding Palast (Hotel Cumberland), Berlin
Lesser, Moritz Ernst
Hotel Eden, Berlin
Liefland, W. B. van
Palace Hotel, Scheveningen
Lun, C., s. Musch
Maillard, Louis
Grand Hotel, Caux
Marquet, Jean
Hotel Hermitage, Monte Carlo
Martinet, Henry
Grand Hotel Eskualduna, Hendaye
Meili, Heinrich
Palace Hotel, Luzern
Menard, Ferdinand
Hotel Hermitage, La Baule
Miciol, A.
Hotel des Bergues, Genf
Moritz, Carl
Kurhaus Hotel, Bad Neuenahr (Westbau)
Morpurgo, Robert v.
Hotel Südbahn, Semmering; zus. m. Wildhack
Musch, J. & Lun, C.
Hotel Karersee, Karersee
Mylius & Bluntschli
Hotel Frankfurter Hof, Frankfurt
Niermans, Edouard
Palace Hotel, Madrid
Hotel de Paris, Monte Carlo (Umbau)
Hotel Negresco, Nizza
Royal Palace Hotel, Ostende
Palumbo, P., s. Fiedler
Pellechet, Auguste, s. Armand
Perry & Reed, Hotel Cecil, London
Petit, Théo
Notel Normandy, Deauville
Pfeifer
Sanatorium Hohenhonnef, Bad Honnef; zus. m. Haendel
Pfister, Daniel
Hotel Baur en Ville, Zürich
Pfleghard & Haefeli
Sanatorium Schatzalp, Davos
Pfyffer, Alphons
Grand Hotel National, Luzern (Hauptgebäude)
Pin, J.
Grand Hotel Regina Bernascon, Aix-les-Bains
Prandl, Eduard
Hotel Mira Monte, Marienbad
Rehnig, Otto
Hotel Esplanade, Berlin (Erweiterung)
Rogers, I.
Hotel Tremont House, Boston
Rohault de Fleury, Charles, s. Armand
Ruphy, Louis
Imperial Palace Hotel, Annecy
Rysselberghe, Octave Joseph van
Riviera Palace Hotel, Beausoleil
Grand Hotel Bellevue, Westende
Sardi, Guiseppe
Excelsior Palace Hotel, Venedig – Lido
Schumann, Karl
Hotel Metropole, Wien; zus. m. Tischler
Segesser, Joseph Plazidius v.
Hotel Schweizerhof, Luzern (Nebengebäude)
Seidl, Emanuel v.
Kurhaus Hotel, Bad Kreuznach
Siegert, H.
Dom Hotel, Köln (2. Bau); zus. m. Düssel

Stöhr, Karl
Kurhotel Quellenhof, Aachen
Regina Palast Hotel, München
Tietz, Karl
Grand Hotel, Wien (1. Bau u. Erweiterung)
Tischler, Ludwig
Hotel Metropole, Wien; zus. m. Schumann
Titz, Eduard
Hotel d'Angleterre, Berlin
Tschudy, Theophil, s. Chiodera & Tschudy
Vittali, Wilhelm & Billing, Hermann
Hotel Bellevue, Baden-Baden; nur Vittali
Brenner's Park Hotel, Baden-Baden (Umbauten)
Grand Hotel Messmer, Baden-Baden, beteiligt
Hotel Hof von Holland, Baden-Baden
Hotel Fürstenhof, Bad Wildungen, Bauabschnitte 1902 u. 1903
Vogt, Emil
Grand Hotel Axenstein, Morschach
Grand Hotel, Brunnen
Hotel Château Gütsch, Luzern (Umbau)
Grand Hotel National, Luzern (Annex)
Weinbrenner, Friedrich
Hotel Badischer Hof, Baden-Baden (Umbau)
Wildhack, Alfred, s. v. Morpurgo
Wybo, G.
New Golf Hotel, Deauville
Zapp & Basarke
Palast Hotel Wettiner Hof, Bad Elster
Zenetti, Arnold, s. Adam

Standort-Register

Die Ziffern bedeuten Seitenzahlen, *kursive* Zahlen die Hauptstellen im Text.
Die Abbildungen sind nach ihren Nummern zitiert.
* = noch als Hotel genutzt, bei nicht bis gering verändertem Außenbau.
** = noch als Hotel genutzt, bei mittel bis stark verändertem Außenbau.

AACHEN
* Kurhotel Quellenhof 118
ABBAZIA (Opatija)
* Hotel Quarnero 126
AIX-LES-BAINS
Grand Hotel Regina Bernascon *103,* 138, 178; Abb. 85
Hotel Mirabeau 39, *104,* 134, 178; Abb. 86
ANNECY / Hte.-Savoie
Imperial Palace Hotel 108; Abb. 93

BADEN-BADEN
* Hotel Badischer Hof 111; Abb. 95
** Hotel Bellevue 112; Abb. 97
* Brenner's Park Hotel (ehem. Hotel Stéphanie) 37, 112; Abb. 96
Grand Hotel Messmer 37, 111
BAGNERES-DE-LUCHON s. Luchon
BAGNOLES-DE-L'ORNE / Orne
* Grand Hotel des Thermes 107, 136; Abb. 89
LA BAULE / Loire-Atl.
* Hotel Hermitage 100, 154; Abb. 83
BEAULIEU / Alpes-Mar.
Hotel Bristol 88; Abb. 69
BEAUSOLEIL / Alpes-Mar.
Riviera Palace Hotel 39, *85,* 134, 135, 159, 178; Abb. 63
BERLIN
Hotel Adlon 26, 36, *45,* 155, 156, 159, 160, 166; Abb. 14, 15
Hotel Alexanderplatz 149
Hotel d'Angleterre 44
Boarding Palast (Hotel Cumberland) 141, *166,* 167; Abb. 6, 143, 144

Bildnachweis

Autor und Verlag danken den Direktionen nachstehender Hotels für die zur Verfügung gestellten Bildvorlagen:

Montreux Palace Hotel, Montreux: 3
Hotel Royal, Evian: 4
Dom Hotel, Köln: 20
Beau Rivage Palace Hotel, Lausanne-Ouchy: 31
Grand Hotel National, Luzern: 32, 33
Mountain House, Caux: 40
Hotel Royal, Lausanne-Ouchy: 42
Palace Hotel, Gstaad: 43
Palace Hotel, Luzern: 46
Suvretta House, St. Moritz: 48
Dolder Hotel u. Verwaltungs AG, Zürich: 50
Carlton Hotel, Cannes: 67
Jean Bernascon, Lyon: 85
A. Steigenberger Hotelgesellschaft, Frankfurt: 95
Hotel de l'Europe AG, Wien: 112
Cigahotels, Mailand: 119, 139
Marc Lacroix/Société des Bains de Mer, Monte Carlo: 140, 141
Hans Steiner, St. Moritz: 7
Heimatverband d. Karlsbader e.V., Grünwald: 9
Slg. Freudenberg, Münster: 24, 103
Heimatverein der Marienbader Stadt u. Land e.V., München: 108
Foto Cosy-Verlag, Salzburg: 111

Aus:

Berliner Architekturwelt 15, 1913: 6, 143, 144
Hdb. d. Architektur, 4. T., 4. Halbbd., 1885: 13, 25, 122, 123, 125, 136, 138
Deutsche Bauzeitung 41, 1907, Nr. 99 u. 47, 1913, Nr. 84: 14, 15, 16
Dekorative Kunst 6, 1903: 17
Der Profanbau 1908, Nr. 17: 18, 19
R. Wagner-Rieger, Wiens Architektur im 19. Jahrhundert, Wien 1970: 21, 27, 129
Wiener Bauindustrie-Zeitung und Wiener Bautenalbum 6, 1889: 23
Deutsche Bauhütte 14, 1910: 28
Der Bautechniker 33, 1913: 106, 121
Bildende Künste 1, 1916/18: 133, 134

Alle übrigen Bildvorlagen aus privaten Sammlungen sowie vom Verfasser.